本书为2021年重庆市社会科学规划项目"产业链安全视角下成渝地区双城经济圈产业链高质量发展研究"（2021BS053）成果。

| 重庆综合经济研究文库 |

分析宏观形势 · 预测区域发展 · 提供决策服务 · 建设一流智库

成渝地区双城经济圈产业链高质量发展研究：

基于统筹发展和安全视角

王春宇 ○ 著

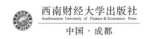
西南财经大学出版社
Southwestern University of Finance & Economics Press
中国 · 成都

图书在版编目（CIP）数据

成渝地区双城经济圈产业链高质量发展研究：基于统筹发展和安全
视角/王春宇著.—成都：西南财经大学出版社，2023.11
ISBN 978-7-5504-5930-4

Ⅰ.①成… Ⅱ.①王… Ⅲ.①区域经济发展—研究—成都②区域
经济发展—研究—重庆 Ⅳ.①F127.711②F127.719

中国国家版本馆 CIP 数据核字（2023）第 169761 号

成渝地区双城经济圈产业链高质量发展研究：基于统筹发展和安全视角
CHENGYU DIQU SHUANGCHENG JINGJIQUAN CHANYELIAN GAOZHILIANG FAZHAN YANJIU：
JIYU TONGCHOU FAZHAN HE ANQUAN SHIJIAO

王春宇 著

责任编辑：植　苗
责任校对：廖　韧
封面设计：何东琳设计工作室
责任印制：朱曼丽

出版发行	西南财经大学出版社（四川省成都市光华村街 55 号）
网　　址	http://cbs.swufe.edu.cn
电子邮件	bookcj@swufe.edu.cn
邮政编码	610074
电　　话	028-87353785
照　　排	四川胜翔数码印务设计有限公司
印　　刷	四川五洲彩印有限责任公司
成品尺寸	170mm×240mm
印　　张	11.75
字　　数	210 千字
版　　次	2023 年 11 月第 1 版
印　　次	2023 年 11 月第 1 次印刷
书　　号	ISBN 978-7-5504-5930-4
定　　价	58.00 元

前言

近年来，国际形势发生深刻复杂变化，逆全球化思潮、保护主义不断加剧，世界政治经济格局深度调整，国际产业分工体系加速重构，越来越多的国家将产业链风险视为重大系统性风险，并将先进制造业全产业链布局提升到国家安全战略层面，部分国家甚至重新界定了"战略性新兴产业"和"国家安全"范围。基于成本—效益、资源配置效率等传统产业链构建原则仍将发挥基础性作用，但保障本国关键产业链、重要原材料、核心零部件等的安全成为新的重要驱动力，全球产业链分工和布局由效率主导向更加注重安全转变。一是由外部高度依存向自主重建产业链供应链转变。国际金融危机以来，以垂直分工、链条分割为特征的全球分工格局面临深度调整，美国等西方发达国家大力推行"再工业化"战略，纷纷制订计划推动制造业投资和生产回迁本国。此外，受中美贸易摩擦和新冠疫情影响，全球产业链分工体系的风险点和脆弱性进一步暴露，美日欧等国家和地区出于供应链安全可控的考虑，加快推动自主重建产业链供应链，以减小对外依赖和产品进口的风险。例如，美国总统拜登在 2021 年 2 月 24 日发布的行政命令阐明，"多样化和安全的供应链"是经济繁荣的基础，必须重建国内制造能力以建设"具有弹性的供应链"。二是由区域化集中布局向多元弹性布局转变。在全球产业链集中布局、供应链集中采购风险增大的情况下，多元弹性布局正在成为规避断链风险、降低不确定性的重要选择。根据日本东京商工研究机构的调查，在受新冠疫情影响的日本企业中，有近30%的企业计划拓展海外采购渠道，从中国以外其他国家的企业采购产品。日本企业长期推行的"中国+1"投资战略将被更多跨国企业采纳，其中东南亚国家和南亚国家的生产成本较低、出口便利。虽然东南亚国家和南亚国家的产业配套能力较低，但其在全球产业链和供应链上对我国的替代进程正在不断加深，可能成为国际产业链布局新的选择。三是由产品内深度分工向链条扁平发展转变。新一轮科技革命的兴起给全球产业发展模式带来了深刻变革，产品设计、生产、管理、服务的链条流程正在重构，研发与制造、生产与消费、前端与终端的兼容性大幅提升。一方面，自动化智能化成为生产效率提升的新支撑，极大地缓解了劳动力高成本和技能人才短缺对发达国家产业发展的硬约束；另一方面，电子商务、"新零售"等新型消费模式兴起，极大地改变了产业链和价值链的构成，生产制造与市场需求的动态匹配程度大幅提高，快速响应与敏捷供给正在成为新的发展要求。此外，随着3D打印等新技术的推广应用，以"短链"为特征的制造新模式逐渐形成，产业的柔性化、网络化与个性化水平不断提高。四是由获取低要素成本向寻求产业生态转变。在新一轮科技革命兴起和各国重视自主发展的情况下，一国产业发展不仅取决于生产制造或研发创新单个环节的优势，更取决于是否拥有良好的、完整的产业发展生态，单纯的低成本要素已经难以支撑产业创新和高质量发展的需要。一些发达国家在考虑成本效率的同时，更加注重由创新、产业、市场、政策等各个环节构成的适合且支撑产业发展的生态体系。

我国自改革开放以来，利用劳动力低成本优势全面参与国际分工并融入全球产业链，但价值地位相对弱势，总体位于全球价值链"微笑曲线"的中间位置，高端制造、重点领域、关键核心技术长期受制于人。在当前贸易保护主义、地缘政治冲突、中美贸易摩擦等不断升级的背景下，以美国为代表的发达国家对我国高技术产业和重大技术装备产业发展进行围追堵截，采取包括限制供应、技术脱钩、打压企业等一系列手段，严重破坏了全球产业链发展格局，我国部分产业链、供应链、技术链面临断供风险，产业链安全遭遇前所未有的挑战。面对国内国际形势发生的复杂变化，党中央做出一系列重大战略部署，党的十九届五中全会首次把统筹发展和安全纳入"十四五"时期我国经济社会发展的指导思想，并在通过的《中共中央关于制定国民经济和社会发展第十四个五年规划和二〇三五年远景目标的建议》中提出，要加快构建以国内大循环为主体、国内国际双循环相互促进的新发展格局，安全发展成为构建新发展格局的重要前提和保障。党的十九届六中全会再次强调要统筹发展和安全，提出要充分认识到保产业链供应链安全的极端重要性，准确把握形势，精准施策、系统发力，多措并举保障产业链供应链安全稳定。2022年9月6日，中央全面深化改革委员会审议通过了《关于健全社会主义市场经济条件下关键核心技术攻关新型举国体制的意见》，明确提出关键核心技术是要不来、买不来的，只有把关键核心技术牢牢掌握在自己手中，才能从根本上保障国家经济安全。党的二十大报告提出，增强维护国家安全能力，加强重点领域安全能力建设，确保粮食、能源资源、重要产业链供应链安全。总体来看，进入新发展阶段以来，我国经济安全发展的内涵特征、重点领域方向、实现途径等都呈现出新的变化，强化科技创新自主可控、优化产业链布局、维护供应链安全稳定已经成为我国实现产业链高质量发展的现实逻辑。

成渝地区双城经济圈是国家南向西向开放门户、西部陆海新通道的起点，以及"一带一路"倡议和长江经济带联动协同发展的战略支撑点，在构建以国内大循环为主体、国内国际双循环相互促进的新发展格局中承担重大使命、面临重大机遇、肩负重大责任。准确把握全球新一轮科技革命和产业链重塑趋势，将成渝地区置身于百年变局中、新时代背景下，必须坚持"从全局谋一域、以一域服务全局"，加快构建高效分工、错位发展、有序竞争、相互融合的现代产业体系，促进更大范围、更深层次融入国内大循环；必须加快内陆开放高地建设，进一步融入全球价值链、产业链和供应链，努力在参与全球产业链分工中提升资源配置能力和整体经济效率，推动形成更高水平的对外开放格局；必须统筹发展和安全，发挥战略大后方作用，推动成渝地区双城经济圈产业链供应链优化升级，将增强产业链韧性和竞争力放在更加重要的位置，着力构建富有弹性、多样化和安全的产业链供应链，维护产业链供应链安全稳定，形成带动全国高质量发展的重要增长极和新的动力源。

维护产业链安全稳定是新时代我国经济实现高质量发展的重要内容，也是构建国内国际双循环新发展格局的重要前提和保障，但目前还缺乏系统而全面的基于安全视角的产业链高质量发展研究。本书以产业组织理论、产业结构理论和产业关联理论为基础，基于产业链安全视角明确产业链高质量发展的内涵，明确产业链的协调、高效、安全发展是产业链高质量发展的重要内容，通过构建产业链安全的评价指标体系，建立我国产业链安全的风险识别机制，探寻效率与安全的平衡路径，对我国实现产业链安全稳定高效发展具有一般性的理论指导意义。同时，本书对理论分析部分进行典型性案例实证分析，进一步丰富了基于安全视角的产业链高质量发展的理论内涵和分析工具。从现实的角度来看，本书通过对我国产业链安全风险、效率与安全的关系分析，提出我国产业链高质量发展的思路与任务，为我国构建安全、稳定、高效的产业链提供了战略方向；基于成渝地区双城经济圈现有的要素条件和产业基础对潜在的产业链安全风险点进行评估，揭示了成渝地区在产业链安全发展方面面临的风险；进一步选取电子信息、汽车制造业支柱性产业链进行案例分析，更加深入、细致地展现了成渝地区双城经济圈在融入新发展格局中，实现效率和安全兼顾的产业链发展路径选择；为成渝地区双城经济圈推动产业链高质量发展提供了重要支撑，丰富并完善了产业链安全和产业链高质量发展的相关研究实践，提出相应的产业政策建议和开放政策建议，具有重要的现实意义，也可以为其他区域产业链高质量发展的研究分析和政策设计提供参考、示范和借鉴。

王春宇

2023 年 6 月

目录

第一章　理论基础和政策背景

本章详细阐释了国内国际双循环新发展格局的政策内涵和理论基础，系统梳理了产业链高质量发展、产业链安全的国内外相关文献，并对现有的相关文献进行了简要评价，以期为研究提供坚实的理论基础支撑。

第一节　新发展格局相关理论和政策

一、政策内涵

改革开放初期，根据国内资源禀赋呈现劳动力充足而资本和技术相对匮乏的特点，我国将对外开放确立为国家发展战略，通过引进外国资本从事国内加工贸易，充分利用了国内劳动力丰富的优势，同时补充了国内资本和技术的不足，促进了出口导向型经济的形成，极大地推动了中国的经济增长（林毅夫 等，2003）。在空间上，我国的对外开放战略表现为从沿海地区到内陆地区的逐步开放；在体制上，我国的对外开放战略表现为从体制试点到全面建设的转变（马永伟 等，2018）。随着对外开放战略的不断推进，我国的对外贸易快速发展，外贸依存度在 2006 年达到 64%，国际大循环的主导地位特征较为明显，但加工贸易带来的原料和市场"两头在外"的外向型经济弊端也逐渐显露。此外，我国国内资源禀赋也发生了较大变化，人口红利和劳动力成本优势逐渐减弱，土地成本、环境与生态成本、技术创新成本显著上升，依靠要素投入驱动的经济增长越来越难以为继；在全球金融危机发生之后，世界经济复苏乏力导致国际市场需求不足，国内投资需求、消费需求长期疲软，我国经济进入新常态（刘伟，2016）。为了解决新常态背景下我国经济供给结构与需求结构变化不相适应的结构性矛盾，2015年中央提出供给侧结构性改革，从提高供给质量的角度出发，扩大有效供给，推动经济结构调整优化，提升经济增长质量（黄群慧，2016；方福前，2017）。

与此同时，国际形势正在发生明显变化：一方面，我国经济的崛起和技术力量的增长对美国等西方发达国家的产业领导地位带来了冲击，西方发达国家为维护其在全球产业发展中的霸权地位而对我国进行了打压和制裁；另一方面，受危机冲击而陷于困境的发达国家为重塑竞争优势和经济增长动力开启了"再工业化"进程，这不仅引起去全球化和保护主义的回潮，而且与我国在制造业领域形成了越来越多的直接竞争。除此之外，世界范围内传统产业的渐趋没落与新科技革命下新兴产业的初露峥嵘也使得产业分工格局面临新一轮的洗牌（张宇燕，2019；王一鸣，2020）。世界经济格局的变化对我国产业升级与未来经济发展形成巨大挑战，2020年在全球蔓延的新冠疫情进一步加剧了世界大变局演变，使得大国博弈更加激烈，国际经济、科技、政治等格局持续复杂深刻调整（汤铎铎 等，2020）。2020年，根据国内形势和国际形势的变化，中央提出加快构建以国内大循环为主体、国内国际双循环相互促进的新发展格局，是我国对"十四五"规划和未来更长时期经济社会发展做出的重大战略部署。实际上，国内大循环为主体、国内国际双循环相互促进的新发展格局是对供给侧结构性改革的继承和延续，并扩展到生产、分配、消费、流通各个方面（徐奇渊，2020）。从供给侧角度来看，新发展格局下我国将通过经济体制改革、结构优化调整提升产业基础能力和产业链现代化水平，强化技术创新能力，推动经济从数量型增长转向质量型增长。从需求侧角度来看，新发展格局下我国将通过推动更深层次改革，打破国内市场中的要素流通障碍，推动消费市场的持续扩大和升级，构建完整的内需体系，充分挖掘国内统一大市场需求潜力，发挥超大规模市场优势，实现国内经济从高度依赖国际循环向主要依靠国内循环转变（黄群慧，2021）。双循环在强调国内大循环的同时，更加注重国内循环与国际循环的联系和互动，新发展格局下我国将推动更深层次的对外开放，为国内大循环向更高层次发展提供动力和支撑（江小涓 等，2021）。

二、理论基础

国内国际双循环新发展格局不仅具有深刻的政策内涵，同时也具有深层次的经济学理论支撑，本部分从马克思主义政治经济学理论、大国经济发展理论、经济增长理论、国际贸易理论多个角度认识并理解国内国际双循环新发展格局的理论内涵。

（一）马克思主义政治经济学理论

主流西方经济学较少侧重经济活动中各环节有效衔接的经济循环分析，马克思主义政治经济学理论以资本主义经济活动中的生产环节为核心，揭示人类社会生产与再生产的一般规律，揭示了一国经济内部的循环关系。马克思（1867）从宏观角度研究了社会资本如何通过生产、分配、交换、消费四个环节完成价值增值，提出社会再生产的实现条件和国民经济有计划按比例发展的规律；从微观角度研究了单个产业资本如何通过货币资本、生产资本、商品资本三种职能形式循环往复实现价值增值，揭示资本主义社会的资本循环规律，提出保证资本循环连续性的条件。进一步地揭示出国民经济良性循环的关键：首先，在微观层面，商品—生产—货币的资本需要在时间上继起、空间上并存，其中，保持商品流通循环畅通以及实现商品到货币的"惊险跳跃"至关重要；其次，在宏观层面，社会生产的两大部类必须按比例持续循环下去；最后，在社会层面，物质资料生产与人类自身生产需要相互匹配地循环下去。国内学者在马克思国民经济循环理论的基础上，加入与世界的经济联系，展开关于国内国际双循环的政治经济学理论分析。逄锦聚（2020）指出，国内国际双循环是由生产、分配、流通、消费四个环节构成的总循环，也是包括服务在内的社会总供需的大循环。洪银兴（2021）认为，国民经济循环由生产、分配、流通、消费环节循环构成，是各个再生产环节共同作用的结果，更强调最终消费带动的需求对供给的牵引作用。程恩富和张峰（2021）联系国内外的经济现实认为，国内大循环是社会再生产在国内的循环过程，即生产、分配、流通、消费四个环节主要在国内进行，社会最终产品主要由国内消费和投资带动，国际大循环是生产、分配、流通、消费四个环节突破国界，通过世界市场形成更大范围的循环过程，同时强调国内大循环和国际大循环的对立统一关系。鲁保林和王朝科（2021）提出，实现国内国际双循环畅通除了需要在微观层面使产业资本在时间上继起、空间上并存，以及在宏观层面保持两大部类按比例循环外，还要在国际层面保持全球价值链体系能够良性循环并周转。陆江源等（2022）通过构建包括循环内容、循环机制、内外循环依存关系的国内国际双循环综合分析框架，认为我国构建国内国际双循环格局的关键在于破除堵点，强化创新和扩大内需双向发力，形成以我为主、内外协同的国内国际双循环互动格局。

（二）大国经济发展理论

大国依靠国内市场的规模优势形成的以内需为主、外需为辅的发展模式，为国内国际双循环提供了一定理论支撑。童有好（1999）强调了大国的国内市场在经济发展中的重要作用。靖学青（2009）以大国为研究对象，认为国内市场需求处于首要地位，外需处于次要地位，大国经济发展的基本模式应以内需为主、外需为辅。曾剑秋和丁珂（2007）研究了大国内外经济循环与经济增长的联系，并提出根据外界经济环境形势情况，选择以内循环或外循环为主的大国内外经济循环战略，即当外界经济环境较好时，应以外循环带动内循环；反之，则以内循环带动外循环。江小涓（2010）总结了我国改革开放以来的历史经验，进一步提出以内需为总需求主体，以外需调整失衡，并通过改革创新促进两者协调发展的"大国双引擎增长模式"。欧阳峣（2014）提出大国经济发展理论，认为大国经济发展理论主要研究发展中大国经济从落后向现代化过渡的影响因素、作用机理、战略模式等问题，主要遵循三种路径：古典、新古典与发展经济学范式。其中，古典经济学范式以大国市场容量巨大的特点来分析经济分工的效果；新古典经济学范式利用大国经济规模效应的特点来分析竞争优势的形成；发展经济学范式则是沿着刘易斯的思路，以二元结构特征分析经济转型。根据亚当·斯密的古典经济学范式，大国的国内市场容量广阔，可以有效支持市场分工和专业化生产，专业化分工导致生产成本降低，研发投入、生产技术也会相应提高，从而促进产业竞争力增强。根据马歇尔的新古典经济学范式，企业扩大生产规模形成内部规模经济，产业的指向性集聚形成外部规模经济，大国更容易产生规模经济，其生产要素的规模性和国内市场需求的规模性是竞争优势的来源。根据刘易斯的发展经济学范式，发展中大国的经济发展过程实际上是剩余劳动力从传统部门向现代部门转移的过程。古典经济学范式和新古典经济学范式均表明大国的经济发展具有规模性、内源性和多样性的特征，大国可以主要依靠内需实现可持续发展。刘鹤（2020）认为，大国经济特征就是必须发挥国内超大规模市场优势，以国内大循环为主体，并且提供巨大国内市场和供给能力，支撑和带动外循环。

（三）经济增长理论

经济增长理论围绕经济增长的动力源泉和经济增长的收敛性两个经典

而关键的主题展开，用以解释不同国家之间人均收入的巨大差异。主流的经济增长理论主要从供给侧角度研究经济增长，继 Solow（1956）、Koopmans（1963）和 Cass（1965）之后的传统新古典增长模型从不同的要素积累路径解释了人均收入的差异。在这些模型中，要素积累的跨国差异或者是由于储蓄率、偏好的差异，或者是其他外生参数（如全要素生产率增长）的差异。Romer（1986）和 Lucas（1988）在新古典模型的基础上将经济增长率内生化创立了新经济增长理论，强调来自物质和人力资本积累的外部性可以导致持续、稳定的增长。包括新古典经济增长理论和新经济增长理论在内的主流增长理论都坚持萨伊定律，即储蓄决定投资，长期中市场将自动实现出清，忽略需求扩张和经济结构转换对经济增长的作用（Girardi et al.，2016；郭克莎 等，2017）。长期中经济体的市场出清依赖充分就业这一前提条件，然而经济体在长期内很难实现经济增长理论所假设的充分就业水平（Petri，2003）。需求拉动型经济增长模型源于凯恩斯的有效需求不足理论，并对凯恩斯的短期比较静态分析进行解释和补充，进一步扩展为长期的动态分析，形成以新剑桥增长模型和新卡莱斯基增长模型为主要组成部分的后凯恩斯增长理论。以 Robinson（1962）和 Kaldor（1957）为代表的新剑桥增长模型以及以 Rowthorn（1981）和 Dutt（1984，1990）为代表的新卡莱斯基增长模型坚持凯恩斯假定，从需求侧的角度对经济的长期增长展开研究，认为长期中投资对储蓄具有决定性作用，经济的潜在产出向由有效需求驱动的实际产出调整（Kurz，1994），强调需求对长期经济增长的拉动作用，以区别于从供给侧角度展开研究的主流经济增长理论。国内国际双循环实际上更加强调从需求侧角度出发去理解和认识经济增长，以国内大循环为主体，更加注重对国内广阔的投资和消费需求潜力的挖掘，同时充分发挥国际市场需求的作用（钱学峰 等，2021），实现国际循环对国内循环的有效支撑及相互促进，推动经济的高质量发展。

（四）国际贸易理论

以大卫·李嘉图为代表的古典贸易理论和以赫克歇尔—俄林为代表的新古典贸易理论较好地解释了不同国家的产业之间的贸易，随后以 Krugman（1979，1980）为代表的新贸易理论较好地解释了产业内或要素禀赋相似国家之间的贸易。以 Melitz（2003）的异质企业模型和 Antràs（2003）的企业内生边界模型为代表的新新贸易理论将国际贸易研究从企业的层面解释了国际贸易现象，国际贸易理论为国际大循环提供了重要理论支撑，同时也暗含了国际贸易的发展往往是以国内市场为依托。Linder（1961）提出的需求相似理论认为，国内贸易是国际贸易的基础，一国的产品出口结构与规模由国内的需求偏好决定，国内需求是导致该产品成为潜在出口产品的必要条件。Vernon（1966）提出的产品生命周期理论认为，产品的生命周期一般经历初创、成熟和标准化三个阶段。其中，在初创阶段，由技术先进国家发明的新产品因成本高而价格昂贵，只能在国内市场销售；在产品进入成熟阶段后，产品创新国建立起国内市场，并打开其他高收入发达国家的国际市场，广阔的国内市场是新产品进入国际市场的基础。20 世纪 80 年代，Krugman（1979，1980）在 Dixit 和 Stiglitz（1977）的垄断竞争模型的基础上建立了新贸易理论，并提出了本地市场效应，即在存在规模报酬递增和贸易成本的条件下，具有较大国内市场需求的国家将成为国际贸易中的净出口国。注重国内市场的国际贸易理论为国内大循环的主体作用以及为国内循环对国际循环的支撑作用提供了更为深刻的洞见，对大国的国内经济循环与国际经济循环的功能互补提供了理论参考。

第二节　产业链理论综述

一、产业链的内涵

产业链的思想最早源于亚当·斯密对于分工的论述，后经马歇尔、赫希曼等人的发展，更加强调产业之间的前后向关联以及企业之间的分工协作，但并未提出较为明确的概念，其后价值链和供应链理论的兴起为产业链的研究提供了关键导向。Porter（1985）首次提出价值链的概念，将价值链视为相互关联的不同生产经营环节的价值增值的动态过程。Stevens 和 Graham（1989）以及 Harrison 等（1993）较早从微观层面考察企业之间的关联关系，将供应链视为供应商、制造商、分销商、消费者之间形成的链状结构。

国外学者较少将产业链作为独立研究对象进行系统研究，更侧重于产业链的具体表现形式，对微观层面的价值链和供应链的研究较为深入（程宏伟 等，2008）。20 世纪 90 年代以后，国内学者对产业链进行了大量研究，因而产业链的经济学概念具有较为浓厚的中国特色（魏然，2010）。国内对产业链的定义主要基于三种视角：一是从价值链和供需链的角度，各生产经营环节有序衔接构成的生产链条形成产业链（郁义鸿，2005；芮明杰 等，2006），后续研究进一步基于价值链、企业链、供需链和空间链四个维度，在相互连接的均衡过程中形成产业链（吴金明 等，2006；盛朝迅，2019）；二是基于战略联盟关系的视角，产业中竞争力较强的企业与其相关联产业中的企业建立战略联盟，形成企业之间的经济关联（蒋国俊 等，2004；刘贵富 等，2006）；三是基于产业关联视角，具有一定技术经济关联的产业之间围绕服务某种特定需求，形成链条式关系形态（卢明华 等，2004；龚勤林，2004）。

二、产业链高质量发展与现代化水平提升研究

（一）高质量发展研究

现有关高质量发展的文献较为丰富，归纳起来主要从六个方面展开：一是从我国高质量发展的意义和特征入手，强调高质量发展的高效率、公平、绿色可持续发展内涵，并提出我国高质量发展的制度和路径选择（刘志彪，2018；张军扩 等，2019）；二是探讨经济从高速增长迈向高质量发展的动力与机制问题，强调要素质量升级与知识创新对产业结构升级和发展动力转换的重要性（陈昌兵，2018；高培勇 等，2020）；三是从商品二重属性的角度阐释高质量发展的政治经济学理论逻辑，揭示质量作为商品满足实际需要的使用价值特性，指出经济的高质量发展体现的是对生产活动中的供给侧的重视（金碚，2018；任保平，2018）；四是从改革开放以来经济发展实践与理论的演进探讨高质量发展的科学内涵，指出我国经济从高速增长转向高质量增长符合从量变到质变的客观规律（洪银兴，2019）；五是在深刻认识和理解高质量发展内涵的基础上，试图通过构建科学合理的评价指标体系来更加准确地衡量高质量发展水平（魏敏 等，2018；李金昌 等，2019；张涛，2020）；六是从中观层面和微观层面进一步研究并探讨了农业、制造业、服务业以及企业的高质量发展问题（辛岭和 等，2019；高运胜 等，2020；刘奕 等，2018；黄速建 等，2018）。

（二）产业链现代化水平提升研究

在党的第十九届五中全会提出提升产业链现代化水平的任务后，国内对产业链现代化水平提升进行了广泛研究，主要从六个方面展开：一是从

价值链的角度出发探讨产业链供应链现代化水平的提升，认为产业链供应链现代化水平的提升表现为产业链向高附加值环节延伸，以及全球价值链地位不断攀升的过程（黄群慧，2020）；二是从产业链供应链自主可控的角度探讨产业链现代化水平的提升，提出产业链自主可控应做到产业创新、产业安全可控、产业联系紧固、区域产业协同、产业组织灵活、产业链治理现代化六个方面（刘志彪，2021）；三是从终端需求驱动、要素供给驱动、区域产业布局驱动和融入全球产业分工体系驱动等动力机制角度探究产业链现代化水平提升的路径（中国社会科学院工业经济研究所课题组等，2021）；四是从企业之间技术联系、产业链与创新链、资金链、人才链联系等角度探讨现代产业链体系构建（刘志彪，2019；苟文峰，2021）；五是从产业基础高级化和现代产业体系建设的角度出发，认为产业链现代化是产业现代化内涵的进一步延伸（罗仲伟 等，2020）；六是从把握产业基础高级化与产业链现代化、效率与安全、政府与市场、独立自主与开放合作、超大规模市场与产业发展等关系的角度出发，提出提升产业链现代化水平的总体思路（盛朝迅，2019）。

第三节　产业链安全理论综述

一、产业安全相关理论

对产业安全问题的关注可以追溯到 15 世纪末重商主义鼓励出口、限制进口的贸易政策，即主要发达资本主义国家鼓励与出口相关的产业发展，限制进口其他国家的产品，以达到对国内相关产业发展进行保护的目的。产业安全思想的正式提出源于汉密尔顿、李斯特的幼稚产业保护理论，国家应当采用贸易保护主义的政策保护尚未发展成熟的产业。到 20 世纪中后期，许多学者认为，在世界经济发展进程中，发达国家处于主导中心地位，而发展中国家在国际贸易和投资活动中处于被动地位，发展中国家应制定相应的贸易保护政策来保护本国的新兴产业、自然资源产业等国家战略产业的发展（刘易斯，1955；Prebisch，1962；阿明，1990）。

目前流行的产业安全理论框架可以描述为"四维度模型"，即产业安全涵盖产业控制力、产业竞争力、产业发展力和对外依存度四个方面。其中，在产业控制力方面，相关研究主要是从外商直接投资会对东道国产业控制程度视角展开。一部分学者认为，外商直接投资对市场的控制有利于增加东道国福利（Moran，2005；Kitano，2011）；另一部分学者认为，外商直接投资会对产业安全构成威胁（张碧琼，2003；赵娴，2005）。在产业竞争力方面，部分学者认为，产业控制力并不是影响一国产业安全的唯一因素，强调一国自身产业的竞争能力是产业安全发展的关键所在（杨公朴等，2000；夏兴园 等，2001；金碚，2007）。在产业发展力方面，部分学者认为，产业安全处于动态的变化之中，把握产业发展的客观规律和途径，是维护产业安全的关键（景玉琴，2004；齐兰，2009）。在对外依存度方面，部分学者认为，贸易的自由化带来的贸易摩擦增加、贸易条件恶化、贸易依存度加深等问题不仅不利于国内整体经济的良性发展，还会对产业安全构成威胁（孙瑞华，2005；汪素芹，2005）。

二、产业链安全相关研究

（一）国外的产业链安全研究

近年来，随着地震等自然灾害、中美经贸摩擦等地缘政治、新冠疫情全球大流行等公共卫生事件对全球经济的冲击，国外学者从全球供应链和全球价值链的风险角度对产业链安全进行了一系列探讨，主要聚焦于全球供应链面临的风险和全球供应链带来的风险两个方面。

一是全球供应链面临的风险。全球供应链面临的风险可以分为需求、供应和运输的外生冲击。其中，供应冲击包括典型的供应中断，如自然灾害、网络攻击、罢工、供应商破产和工业事故，以及贸易与产业政策变化和政治不稳定等更广泛的干扰；在需求方面，公司面临产品和声誉受损、客户破产、新竞争者进入、限制市场准入的政策、宏观经济危机和汇率波动等风险（Miroudot，2020c）；由于交通运输中断较为常见，并不完全与供应或需求相关，因此这里需要将运输中断单独归类（Baldwin et al.，2021）。全球供应链的外部冲击往往集中在特定的地理区域或行业部门，自然灾害、公共卫生事件已经成为当前影响范围较广、程度较深的全球供应链冲击因素。部分学者探讨日本福冈地震、泰国洪水等自然灾害对全球供应链产生的影响（Haraguchi et al.，2015；Carvalho et al.，2021）。越来越多的研究开始关注 2020 年发生的新冠疫情全球大流行对全球经济的影响，认为新冠疫情已成为现代最重要的破坏性事件之一，对全球供应链产生了更为广泛的冲击（Gereffi，2020）。国际业务持续协会（business continuity institute，BCI）发布的《2021 年供应链弹性报告》调查发现，2020 年新冠疫情发生后，有超过 25% 的企业经历了 10 次或更多的中断，而疫情前的 2019 年这一比例不到 5%（BCI，2021）。

二是全球供应链带来的风险。任何一种生产结构都存在风险，但供应链的全球配置可能会将国外的风险传递到国内，因而许多研究更关心的是全球供应链带来的风险，主要集中在全球供应链脱钩的代价和影响、全球供应链微观冲击向宏观冲击的传播两个方面。在全球供应链脱钩的代价和影响方面，一些学者从全球价值链的角度，使用具有国内与国际供应链联系的多部门定量贸易模型来模拟脱钩带来的福利损失，发现与全球供应链脱钩后，外国供应冲击的影响整体上有所减少，但部分国家的影响被放大，脱钩带来的福利损失远远超过较低冲击风险带来的好处（Antràs et al.，2018；Eppinger et al.，2021）。也有学者从全球供应链的角度，将新冠疫情导致的全球"封锁"模拟为劳动力供应的收缩，以此估计全球"封锁"对一国 GDP 的影响，发现与全球供应链脱钩不会使国家更能抵御此类冲击；相反，生产的再国有化将使得风险集中到国内经济，因为消除对外国投入的依赖会增加对国内投入的依赖，国内投入也会因全国性"封锁"而中断（Bonadio et al.，2020）。在全球供应链微观冲击向宏观冲击的传播方面，一些学者认为，如果一个中间供应商遭受了生产率的负面冲击，由此导致的价格上涨会恶化其客户的生产率，从而传播到整个供应链，微观冲击可以通过这种方式在某些情况下产生宏观波动（Acemoglu et al.，2012；Carvalho et al.，2013；Carvalho et al.，2019）。更广泛地说，在名义刚性存在的情况下，网络化生产可以提高通货膨胀的福利成本，改变菲利普斯曲线的斜率，并改变货币政策的影响。也有学者认为，全球供应链可以分散风险，而非放大冲击。一方面，参与全球供应链形成的专业化虽然会增加部门冲击的脆弱性，但供应商和买家的跨境多样化往往会降低这种脆弱性（Caselli et al.，2020）；另一方面，全球供应链与经济波动之间的关系在理论上是模糊的，并没有实证证据支持，全球供应链一体化的全面削减可能会带来经济成本，而不会显著降低经济波动（D'Aguanno et al.，2021）。对 2008 年全球金融危机冲击导致的全球供应链破坏的实证研究也支持这一观点，全球金融危机导致世界各国的进出口大幅下降，贸易与 GDP 之比的下降幅度远远超过了以往的衰退，主要原因是贸易密集型耐用品需求的同步崩溃，而不是全球供应链本身的影响（Bems et al.，2013）；而且，由于供应链贸易的"黏性"特质,大多数调整是短期的,全球供应链有助于减轻经济的衰退(Bricongne et al.,2012;Antràs,2020)。

因此,在如何降低全球供应链风险方面出现了两种看法:一种是通过缩短全球供应链的长度和增加其国内化程度,可以降低风险;另一种相反的说法则认为,"安全开放"可以通过使全球供应链更加多样化,其可以作为降低集中风险的一种手段(Javorcik,2020;Lin et al.,2020;Shih,2020)。

(三)国内的产业链安全研究

国内对产业链安全的相关研究还相对较少,已有研究主要从全球供应链安全、外资并购以及全球价值链"低端锁定"的角度来探讨产业链安全问题。在全球供应链安全相关研究方面,国内学者一是从新冠疫情、中美贸易摩擦等冲击视角分析全球供应链面临的中断风险,认为我国全球供应链布局应从效率向安全调整(贺俊,2020;葛琛 等,2020);二是从数字贸易、供应链管控方式等角度提出我国对全球供应链中断风险应对的机理和路径(符正平 等,2021;刘纯霞 等,2022);三是通过构建国家层面的全球供应链安全指标、产品层面的全球供应链脆弱性指标等方法,研究新冠疫情、中美贸易摩擦等外部冲击对我国全球供应链的影响(苏庆义,2021;崔晓敏 等,2022)。外资并购以及全球价值链"低端锁定"相关研究主要体现在三个方面:一是从控制权的角度出发分析外资并购对国内企业的影响,认为外资并购会将国内企业控制在产业链和价值链的低端,导致利益的多重流失(王丽华 等,2008);二是分行业和企业意图来区别看待外资并购问题,认为与我国经济运行密切相关行业的外资并购,以及会造成产业链条上核心环节过度控制的外资并购,可能带来产业或产业链环节的过度控制问题(李善民 等,2010);三是从全球价值链角度考察国际分工下的锁定效应,认为准层级模式的全球价值链能为发展中国家生产商提供快速的产品升级和工艺流程升级渠道,但一旦发展中国家代工生产体系进入功能升级或链条升级阶段,就会受到全球大买家或跨国公司各种手段的威胁、阻碍和控制,从而被"锁定"在全球价值链的低端环节(刘志彪 等,2007;卢福财 等,2008)。

三、文献简评

现有相关研究主要围绕经济高质量发展、产业链现代化水平提升、产业链安全等主题展开。关于经济高质量发展的研究主要着眼于战略层面,较为关注经济高质量发展的内涵以及经济转向高质量发展过程中的动力和机制等问题。虽然其也对农业、制造业、服务业以及企业的高质量发展问题进行了理论探讨，但总体上分析视角仍较为宏观，未将产业或企业之间相互对接形成的链式关系以及链条中各环节的优化配置考虑进来，对现实中产业链发展的指导意义较弱。关于产业链现代化水平提升的研究主要集中于理论层面和政策层面，虽然有一些研究从价值链向高附加值环节延伸、供应链自主可控、效率与安全关系等视角提出产业链现代化水平提升的路径，但仍属于初步探讨阶段，经济理论分析和实证研究较为有限。此外，从高质量发展与现代化关系的角度来看，高质量发展是实现现代化的首要任务和本质要求。具体化到产业链层面上，产业链现代化是指产业链发展处于世界较高水平的状态，产业链高质量发展则是实现产业链现代化的主要手段，现有对产业链现代化水平提升的研究并未将其中暗含的高质量发展概念明晰化。关于产业链安全的研究，国外学者从全球供应链和全球价值链的风险角度对产业链安全进行了一系列的理论探讨，国内学者则主要从外资并购以及全球价值链国际分工下的锁定效应进行定性分析，而产业链作为价值链、企业链、供需链和空间链多个维度的统一体，现有相关研究仅局限于从其中某一特定角度着手，难以反映产业链安全的全貌。在推动构建以国内大循环为主体、国内国际双循环相互促进的新发展格局背景下，以产业链安全视角系统而全面地探索产业链高质量发展的理论和实证研究还十分缺乏。

第二章 新发展格局对产业链高质量发展提出的新要求

在推进构建新发展格局的时代背景下，我国将发挥国内超大规模市场优势，实现国内经济从高度依赖国际循环向主要依靠国内循环转变，同时更加注重国内循环与国际循环的联系和互动，推动更深层次的对外开放。新发展格局将为国际经济形势复杂变化下我国经济需求端的稳定性提供重大支撑；同时，也将为国际政治形势持续恶化下我国经济供给侧的安全性提供强大保障。新发展格局对经济的安全和可持续发展提出了新的要求。我国作为全球唯一拥有联合国产业分类中全部工业门类的国家，在构建新发展格局过程中，要在产业链供应链全球布局高效性以及保持本国产业链供应链安全方面实现新的权衡。这不仅要求我国在依据比较优势合理参与全球产业分工的同时，推动产业链向高附加值环节延伸，促进全球价值链地位不断攀升；还要求我国产业链供应链实现自主可控和安全稳定发展，尤其在关键环节、核心技术等方面降低外部依赖，缓解"卡脖子"现象。在新发展格局下，我国经济的安全稳定发展被提升到新的高度，产业链的安全发展成为产业链高质量发展的重要标志之一。

第一节 产业链高质量发展的相关内容

一、产业链高质量发展的内涵

当前，国内对高质量发展的概念已形成较为统一的界定，都具有效率、公平、安全、绿色可持续发展等内涵。经济是否实现高质量发展，最终以能否满足人民日益增长的美好生活需要为准则，人民对美好生活的需要是随着经济发展阶段变化而变化的，因而高质量发展这一概念具有较强的动态特征。产业链高质量发展同样具有效率、公平、安全、绿色可持续发展的内涵。从效率内涵来看，产业链高质量发展要求具有较高的产业基础能力、协同配套能力，以及开放条件下市场在资源配置上的有效性。产业基础能力是指产业发展的核心能力和基础能力，涵盖底层技术、基础设施、质量标准、政策环境、人才队伍等多个层面，是产业发展的根本支撑和动力之源，直接决定了产业链发展水平的高低；产业协同配套能力是指产业领域内各环节跟进配合形成较为完备的生产技术联系；同时，产业链高质量发展依赖于市场在资源配置中的基础作用和决定性作用，其在全球价值分工体系中处于较高的地位。从公平内涵来看，产业链高质量发展不仅体现在经济领域，还体现在更广泛的社会、政治和文化等领域，因此要求经济成果公平分配，维护和实现社会公平。从安全内涵来看，产业链高质量发展必须体现为更具安全的发展，避免受内外部经济和政治等风险因素冲击而陷入发展困境。从绿色可持续发展内涵来看，产业链高质量发展要求资源的集约节约利用，通过产业结构升级和绿色低碳循环化改造，构建高效、清洁、低碳、循环的绿色现代产业体系，推动形成绿色低碳的生产生活方式。

二、各构成要素之间的基本关系

一是效率与公平之间的关系。从经济理论角度对公平以及效率与公平问题的研究是福利经济学的重要内容，福利经济学假设存在着某种社会偏好的公平观念，而社会福利函数的不同形式表现了不同的公平观念。由于对社会福利函数的不同设定形式，福利经济学主要有三种效率与安全的组合模式，即效率优先论、公平优先论、效率与公平并重论。其中，效率优先论中具有代表性的是精英主义社会福利函数，即只重视精英的激励、效率问题，福利最大化的标准是使市场精英的福利最大化，认为给市场精英以某些特权地位，市场精英们拓展市场获得的好处会逐渐地惠及大众。公平优先论中具有代表性的是罗尔斯主义社会福利函数，即只关注公平问题，较少考虑效率，社会福利最大化的标准是使社会上处境最差的那部分社会成员的效用最大化，对相对较穷的那一部分人的效用考虑应先于所有其他社会成员。效率与公平并重论中具有代表性的是功利主义社会福利函数，即同时关注效率和公平，试图实现两者之间的平衡，认为所有的政策都应该致力于大多数人的效用或利益最大化。

二是效率与安全之间的关系。现代西方主流经济学强调经济效率，认为开放条件下全球产业链分工能够提升效率并增加社会福利。相较于封闭条件，开放条件下的全球产业链总体上面临更高的外部安全风险。例如，近年来随着地震等自然灾害、中美经贸摩擦等地缘政治、新冠疫情全球大流行等公共卫生事件对全球产业链的冲击，在国内外企业相互依存的情况下，国外供应链上游环节受到影响甚至中断，国内下游企业短期内无法找到替代供应商或自己无法生产，国内产品的生产就会面临瘫痪，全球产业链存在一定的脆弱性及安全风险。但是，效率与安全的关系并不一定总是相互对立的，两者关系较为复杂。例如，国内企业深度参与全球产业链分工合作，处于全球产业链的下游位置，处于上游的国外供应商数量较多且分布在多个国家，国内企业面临较为多元化的国外供应，当上游环节部分国外企业遭受外部冲击而供应中断时，国内企业可以从其他国外供应商购买投入品，此时国内企业的供应链未受到严重影响，可以实现效率与安全兼顾。

三是效率与绿色可持续发展之间的关系。绿色可持续发展能够提升经济效率。在产业发展中只要存在环境污染等外部性，市场机制配置资源就是缺乏经济效率的。产业链的绿色可持续发展要求构建高效、清洁、低碳、循环的绿色现代产业体系，实现产业生态化、生态产业化的发展模式，促进资源的有效利用，降低资源浪费，减少环境污染和生态破坏，提高资源利用效率，以最小的资源消耗获得更多的经济利益和社会利益，具有经济效率。因此，产业链发展从传统产业链向绿色现代产业链转型升级的过程，也是经济效率提升的过程。

产业链高质量发展各构成要素之间的总体关系见图2-1。

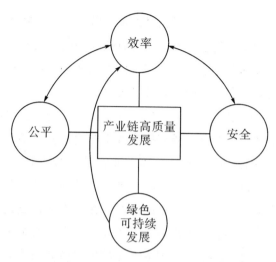

图 2-1　产业链高质量发展各构成要素之间的总体关系

三、产业链安全的基本概念

全球产业链的形成主要源于以纵向专业化为基础的跨地区、跨国界产品生产国际分工体系。国际分工总体上经历了产业之间分工、产业内分工和产品内分工三个阶段。第二次世界大战以前，国际分工主要以产业之间国际分工为主，亚洲、非洲和拉丁美洲等国家生产矿物原料、农业原料及食品，欧美等国家生产工业制成品，产业之间贸易成为当时的主要贸易形式；第二次世界大战结束后，科学技术革命对国际分工产生了深刻影响，推动国际分工形式从部门之间专业化向部门内专业化方向迅速转变，发达国家之间的国际贸易越来越以产业内贸易为主。20 世纪 70 年代以来，随着经济全球化和科学技术革命的发展，以及国际分工的进一步深化，以纵向专业化为基础的全球性产品生产分工合作逐渐出现。在产品内分工形成的过程中，跨国公司将产业链中的制造和加工组装等环节从发达国家转移到具有劳动力和市场优势的发展中国家，形成了以生产环节、工序和区域为对象的跨国生产体系，推动国际分工从产业之间分工、产业内分工转向产品内分工。产品内的国际分工推动生产过程中处于不同国家和地区的各环节有序衔接，形成高效分工协作的完整生产链条。

现有研究主要从产业控制力、产业竞争力、产业发展力、对外依存度四个方面对产业安全进行诠释，对产业安全的定义仅局限于对特定产业或类别做出明确界定，在产品内国际分工的背景下，难以反映现实世界生产过程中产业链安全发展的全貌。为更加全面深刻地阐释新发展格局下我国产业链高质量发展的安全性内涵，本书将对产业链安全的基本概念做出清晰界定。产业链安全是指一国某一产业链具备较高的竞争力，在全球产业链分工中处于相对有利的位置，能够影响并控制产业链的发展方向，链中企业的运营环境、利润空间处于不受外界威胁而保持稳定有序的状态。产业链安全除了要体现本国对产业链重要环节、关键技术具有较强的掌控能力外，还要体现在开放环境下维持供应链平稳顺畅，确保延伸到国外的产业链稳定可控，具有较强的层次性和系统性。从产业链的不同维度来看，产业链安全要求价值链、供应链、空间链等多个维度实现安全发展。价值链安全反映了在全球产业链中因分工而获得的价值收益情况，要求产业链环节向高附加值延伸，高附加值企业和高附加值产业具有较好的生存与发展空间；供应链安全反映了供需关系上的节点企业之间的关系保持相对稳定，产业链中的所有供给环节均需要与需求维度相匹配，实现供应链体系的顺畅可控；空间链安全反映了产业链自身空间维度的纵向分布与横向分布状况，要求产业链在空间上的布局协调优化，能够持续稳定获取产业分工效益和集聚经济效益。

第二节　我国产业链发展历程与安全风险特征

一、我国产业链发展历程

在全球产业链分工体系中，不同发展水平的国家可以充分利用自身比较优势，从全球产业链的某一环节直接参与国际分工。发达国家为规避自身劳动力资源稀缺的劣势，往往专注于高端环节获得更高附加值；发展中国家利用自身劳动、土地等要素禀赋优势，集中发展产业链上的中低端环节并在该环节取得竞争力，创造经济增长与发展机会。改革开放以来，我国凭借劳动力规模形成的比较优势，积极参与全球产业链生产分工，并根据不同阶段和内外部形势的变化，因时因势调整产业链发展方向。我国产业链发展历程可以分为以下四个阶段：

第一阶段，立足劳动力比较优势承接国际产业转移（1978—2001 年）。20 世纪 70 年代以来，随着信息技术革命和高技术产业的发展，产业链条逐渐细化和拉长，推动全球产业内部环节寻找更具比较优势的区域布局生产。美国、日本和亚洲"四小龙"（韩国、新加坡、中国香港、中国台湾）等发达国家和地区将产业中的低附加值零部件生产、组装加工等环节逐渐向发展中国家转移，我国东南沿海地区依托廉价劳动力优势积极承接发达国家和地区的纺织、服装、电子信息等劳动密集型产业转移，以跨国公司为主要载体的加工贸易成为我国与全球贸易往来的主要方式，研发、核心零部件生产、服务、销售等高附加值环节则留在发达国家和地区。例如，发达国家将生产的中间产品出口至我国并加工组装成最终产品，最终产品回流至发达国家或流向其他经济体，带动了中间产品贸易的大幅增长。

第二阶段，依托加入世界贸易组织（WTO）加速构建本地产业链（2002—2008 年）。2001 年我国加入 WTO 后，产业链进入快速发展期，我国积极践行自由贸易理念，在货物关税减免、降低投资准入限制、扩大市场开放等规则方面全面适应国际标准，产业发展面临更加开放的国际环境，我国在历史新特征下更紧密地嵌入全球产业链。同时，随着我国生产能力、技术水平、劳动力素质以及生产成本的不断提高，发达国家和地区将部分产业链的高附加值环节逐渐向我国转移。我国在参与国际贸易、引进外资过程中通过学习效应加速建设本地产业链，以跨国公司主导产业为核心，向上下游延伸出与之相关的本地产业链条，初步形成以东南沿海等区域为主的"块状经济"产业集群空间。例如，广东珠三角地区的家电产业群，浙江宁波、温州的服装产业群，以及江苏环太湖地区的纺织产业群。这一时期的产业链不断向内陆延伸，产业链在全国范围内广泛建立，国内产业分工体系和区域经济逐步形成，"中国制造"产品在新的国际分工中占据重要位置。此外，我国还进一步深化落实"走出去"战略，支持有实力的企业跨国经营，鼓励企业利用国外知识和新技术等智力资源在境外设立研究开发机构和设计中心，实现国际化发展。

第三阶段，围绕供给侧结构性改革优化产业链结构（2009—2018 年）。2008 年发生的国际金融危机使全球产业链大幅收缩，我国产业链外端也受到严重冲击，对外贸易规模持续下滑，叠加长期以来高要素投入驱动的粗放型增长，国内产能过剩、经济结构矛盾日益凸显、经济增长速度放缓，我国进入优化调整产业结构、转变增长方式的新时期。在此阶段，我国以供给侧结构性改革为主线，加速淘汰国内煤炭、钢铁、水泥、冶金等行业落后产能，纺织、化工、汽车、房地产等传统支柱产能逐步减退，新能源、新材料、生命科学、生物医药、信息网络等新兴产业加速培育发展，先进制造企业及其上下游关联企业、生产性服务企业加速集聚，产业集聚发展趋势明显；服务业拉动经济增长的贡献率不断提升，2018年我国服务业占GDP比重达到52.2%，超过工业11.5个百分点，成为经济增长的主动力，产业结构优化升级成效显著。

第四阶段，聚焦构建新发展格局强化本土产业链（2019年至今）。改革开放以来，我国通过承接产业转移和自主创新，快速建立了较为完备的工业体系和创新体系，部分产业技术研发与加速应用的市场优势突出，传统产业转型升级和新动能培育快速推进，新一代信息技术、高端装备等战略性新兴产业加速发展，产业基础能力和产业链水平显著提升，制造业发展后劲进一步增强。与此同时，伴随着国际贸易保护主义抬头、单边主义再起，尤其是美国挑起的中美贸易摩擦，对全球产业链造成严重冲击；美国等西方发达国家通过技术转让封锁、产业转移限制以及国际经贸规则重构等方式对全球产业转移和升级进程带来严重影响，我国国际产业合作面临严峻挑战。在此背景下，我国提出构建以国内大循环为主体、国内国际双循环相互促进的新发展格局，并对提升产业链竞争力、维护供应链稳定做出明确要求。从国内大循环角度来看，我国需要依托自身产业基础大力发展核心科技产业，推动产业链供应链的区域化和本地化进程；从国际循环角度来看，我国需要抢抓"一带一路"、《区域全面经济伙伴关系协定》（RCEP）机遇，加强与东盟等国家和地区的产业链供应链联系，着力构建以我国为核心、东南亚等周边国家广泛参与的区域经济大循环新开放格局，加快推动形成更加稳定、更加紧密、更具韧性的全球产业链供应链体系。

二、我国产业链安全风险特征

全球产业链面临的外部冲击可以归结为供给冲击和需求冲击两个方面，其中供给冲击主要包括地缘政治冲突、自然灾害、公共卫生事件、交通中断、劳动力供给中断、供应商破产等因素；需求冲击主要包括宏观经济低迷、未来预期减弱、汇率波动、客户破产、企业面临产品及自身声誉受损等因素。当前，中美贸易摩擦、俄乌冲突等地缘政治紧张局势仍然严峻，全球产业链供应链安全稳定遭到严重冲击，供给端的地缘政治冲突、公共卫生事件，以及需求端的全球经济低迷已经成为影响我国产业链安全的重要外部因素。总体上讲，我国产业链面临的安全风险主要表现为在地缘政治、公共卫生事件、贸易和产业政策变化等供给端，以及宏观经济低迷、未来预期减弱等需求端的外部冲击下，供应链维度存在的出口受限以及中间品和资本品的进口限制，价值链维度存在的产业链核心环节控制，以及空间链维度存在的外国重要产业链回流、本地产业链外迁。我国面临的产业链安全风险如图 2-2 所示。

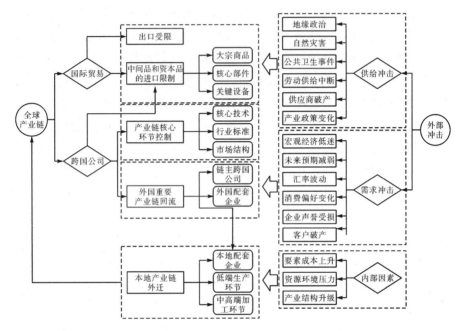

图 2-2 我国面临的产业链安全风险

（一）出口受限

中美贸易摩擦以及全球需求疲软等外部冲击导致我国部分外贸企业出口较为困难，给我国产业链安全带来一定影响。一是美国对我国部分产品加征关税。2018 年以来，美国政府分三轮对我国价值 3 700 亿美元的出口产品加征关税。其中，第一轮对 500 亿美元商品加征 25% 的关税，主要集中在航空航天、信息技术等高科技领域；第二轮对 2 000 亿美元商品加征 25% 的关税，主要涉及劳动密集型产品，如纺织品、服装、农产品、家具产品等；第三轮对 1 200 亿美元商品加征 15% 的关税（后降至 7.5%），主要涉及电机、机械设备及零部件等产品。美国对进口我国产品加征关税的覆盖率由贸易摩擦前的 8.2% 上升到 64.5%，进口加权平均关税税率从贸易摩擦前的 3% 上升到 19.3%，对主要以美国为出口市场的国内相关外贸企业带来较大影响。二是全球经济复苏乏力，外需不足。当前，全球经济仍处于 2008 年全球金融危机后的深度调整期，仅维持低速增长，主要发达国家经济增长持续放缓，美国通货膨胀水平仍然较高，欧元区和日本经济较为疲弱。虽然新兴市场经济增速快于发达国家，但受结构性矛盾突出、资金外流等影响，经济增长也普遍放缓，国际贸易增长动力不足。受国际市场需求减弱影响，我国的外贸出口面临较大压力。

（二）中间品和资本品的进口限制

国内短缺产品容易成为外国对我国实施进口限制和产业管控的重点领域，主要包括工业用原材料、能源矿产等大宗商品，以及核心部件、关键设备等产品。我国工业领域短缺产品是指只有少数国家才能生产且中国进口量较大的中间品和资本品①，共 303 个，涵盖 26 个国民经济行业，约占全年进口总额的 1/3。结合国家统计局发布的《战略性新兴行业分类表》和《国民经济行业分类表》，本书将短缺产品划分为能源和矿产资源类、传统制造类、高端制造类三大领域。一是能源和矿产资源、工业用原材料较为紧缺。长期以来，我国能源和矿产资源对外依存度较高，传统制造领域部分工业用原材料仍大量依赖进口。测算表明，我国能源和矿产资源领域短缺产品共 26 个（见表 2-1），主要为金属矿物、天然气、煤炭等，其中未烧结铁矿砂及其精矿、铜、烟煤等进口规模较大；材料工业、化工、消费品工业等传统制造领域短缺产品共 201 个（见表 2-2），主要为未锻造金、未加工钻石、对二甲苯、醇类，以及各种催化剂、添加剂等化工原料和烧碱木浆、刨切热带木材、未精梳单纱等消费品原材料。二是高端制造重点领域核心部件和关键设备短缺明显。我国高端制造领域短缺产品共 76 个（见表 2-3），涉及新一代信息技术、高端装备制造、生物医药、生物医学工程、新材料、节能环保、新能源汽车、新能源 8 个领域，主要为高度依赖研发设计环节、知识和技术要素投入较大的高附加值产品。其中，新一代信息技术领域的集成电路，以及高端装备制造领域的飞机等航空器、制造半导体或集成电路用机器、加工中心、涡轮喷气发动机等产品对外依存度较高。此外，我国生物医药、生物医学工程领域中的抗血清、免

① 筛选标准为：该产品的前五大供货方（不包含中国）出口总值在全球该产品出口市场占有率超过 60%，且我国对该产品进口额超过 1 亿美元；为消除中美贸易摩擦对进出口数据的极端影响，这里使用 2018 年中国海关数据和世界各国产品贸易数据进行筛选。

疫制品以及 X 射线设备、眼科仪器、植介入生物医用材料等产品大量依靠进口，新材料、新能源也有部分产品较为短缺。三是短缺产品供给主要源自西方发达国家和部分资源富集发展中国家。在国际市场上，能源和矿产资源领域除液化天然气外，其他短缺产品主要由发展中国家供应，发展中国家占全球主要供应国的比重超过 60%（见表 2-4）。其中，非金属矿采选业中的天然硼酸盐及其精矿，全球 82.5% 的市场份额来自土耳其和玻利维亚；煤炭采选业中的褐煤，全球 92.6% 的市场份额来自俄罗斯和印度尼西亚。传统制造领域和高端制造领域短缺产品则主要由发达国家提供，发达国家占 80% 以上。其中，高端装备中的制造半导体器件或集成电路用机器，全球 90.6% 的市场份额来自美国、荷兰、日本、韩国、新加坡，数控外圆磨床全球 85.4% 的市场份额来自德国、日本、意大利、瑞士、捷克。

表 2-1 能源和矿产资源领域短缺产品情况

能源矿产资源	行业	产品	进口/亿美元	占比/%
矿产资源	黑色金属矿采选业	2 个，未烧结、已烧结铁矿砂及精矿	759.2	20.3
	有色金属矿采选业	15 个，铜、锰、铝等矿砂及精矿	595.9	
	非金属矿采选业	3 个，大理石、天然硼酸盐及精矿	16.6	
能源	石油和天然气开采业	3 个，液化天然气、液化丙烷等	463.5	10.3
	煤炭采选业	3 个，褐煤、烟煤、其他煤	236.4	
合计		26 个	2 071.6	30.6

数据来源：根据 2018 年中国海关统计数据整理。

表 2-2 传统制造领域短缺产品情况

传统制造领域	行业	产品	进口/亿美元	占比/%
材料工业	有色金属冶炼加工业	17 个，未锻造金、未精炼铜等	771.5	13.8
	非金属矿物制品业	4 个，钻石、石墨、碳晶制品等	92.0	
	黑色金属冶炼加工业	8 个，镍铁、含碳量>4%的铬铁等	68.4	
	金属制品业	3 个，镍锍、其他镍制品	5.1	
化工	化学原料及化学制品业	82 个，氨、苯、醇类、催化剂等	894.1	13.3
	化学纤维制造业	2 个，聚丙烯腈等	4.2	

表2-2（续）

传统制造领域	行业	产品	进口/亿美元	占比/%
汽车	交通运输设备制造业	13个，排量在1.5 L及3.0 L以上的高端车辆、变速箱等	622.9	9.2
消费品工业	造纸及纸制品业	14个，烧碱木浆、硫酸盐木浆等	253.0	9.2
	木材加工业	19个，刨切热带木材、针叶木材等	220.8	
	纺织业	9个，含脂剪羊毛、未精梳单纱等	106.8	
	皮革毛皮羽绒制品业	9个，动物皮革、整张水貂皮等	32.2	
	文教体育用品制造业	2个，旋转木马等娱乐设备	6.6	
	印刷业记录媒介的复印	1个，其他报纸、杂志及期刊	3.7	
装备制造	仪器仪表制造业	12个，色谱仪、光学射线仪器等	93.5	1.9
	专用设备制造业	1个，针、导管、插管及类似品	18.5	
	电气机械及器材制造业	1个，塑料制绝缘零件	5.2	
	其他制造业	1个，胶印机	7.2	
能源加工	石油加工及炼焦业	3个，蒸馏高温煤焦油所得油类等	63.0	0.9
合计		201个	3 268.7	48.3

数据来源：根据2018年中国海关统计数据整理。

表2-3　高端制造领域短缺产品情况

高端制造领域	行业	产品	进口/亿美元	占比/%
新一代信息技术	仪器仪表制造业	3个，制半导体检验用光学仪器等	60.2	8.9
	电子及通信设备制造业	4个，集成电路、雷达设备等	543.4	
高端装备制造	专用设备制造业	4个，制造半导体及晶圆用装置等	160.4	8.2
	交通运输设备制造业	5个，飞机、轨道机车制动器等	277.0	
	通用设备制造业	15个，加工中心、涡轮发动机等	116.6	
生物医药	医药制造业	11个，抗血清、免疫制品等	115.7	1.7
生物医学工程	专用设备制造业	4个，X射线设备、眼科仪器等	22.0	0.9
	其他制造业	6个，植介入生物医用材料等	37.2	

表2-3(续)

高端制造领域	行业	产品	进口/亿美元	占比/%
新材料	化学原料及化学制品业	3个，贵金属及其化合物为活性物的载体催化剂等	11.7	0.8
	医药制造业	1个，生物碱及衍生物	4.2	
	有色金属冶炼加工业	5个，高温合金制半制品等	13.8	
	黑色金属冶炼加工业	8个，电镀锌和铁、热轧钢材等	23.6	
节能环保	专用设备制造业	1个，负片显示器	3.4	0.3
	仪器仪表制造业	2个，复式光学显微镜、衍射设备	11.5	
	通用设备制造业	1个，集中供暖用的热水锅炉	3.2	
新能源汽车	交通运输设备制造业	2个，装有驱动电动机的机动车	16.6	0.2
新能源	通用设备制造业	1个，未辐照燃料元件（释热元件）	4.5	0.1
合计		76个	1 425.2	21.1

数据来源：根据2018年中国海关统计数据整理。

表2-4 全球市场短缺产品的主要供应国

相关领域		行业	发达国家占比/%	主要供应国
能源矿产	矿产资源	有色金属矿采选业	29.3	巴西、印度尼西亚、秘鲁、南非、澳大利亚等
		非金属矿采选业	46.7	土耳其、伊朗、希腊、意大利等
		黑色金属矿采选业	40.0	巴西、南非、澳大利亚等
	能源	煤炭采选业	33.3	印度尼西亚、俄罗斯、澳大利亚、美国等
		石油和天然气开采业	60.0	挪威、美国、阿联酋等
传统制造	材料工业	有色金属冶炼加工业	72.9	美国、俄罗斯、南非、德国等
		非金属矿物制品业	60.0	美国、比利时、印度等
		黑色金属冶炼加工业	67.5	巴西、印度尼西亚、南非、德国、瑞典等
		金属制品业	73.3	美国、德国、印度尼西亚等
	化工	化学原料及化学制品业	74.1	美国、日本、德国、韩国、印度尼西亚等
		化学纤维制造业	60.0	日本、泰国、葡萄牙等

表2-4（续）

相关领域		行业	发达国家占比/%	主要供应国
传统制造	汽车	交通运输设备制造业	80.0	美国、德国、日本等
	消费品工业	造纸及纸制品业	84.3	美国、芬兰、加拿大、印度尼西亚等
		木材加工业	69.5	美国、德国、克罗地亚、马来西亚等
		纺织业	42.2	印度、印度尼西亚、越南、美国、澳大利亚等
		皮革毛皮羽绒制品业	55.6	巴西、印度、澳大利亚、意大利等
		文教体育用品制造业	100	美国、加拿大、德国等
		印刷业记录媒介的复印	100	美国、德国、法国等
	装备制造	仪器仪表制造业	88.3	美国、德国、日本、新加坡等
		专用设备制造业	80.0	美国、德国、荷兰、爱尔兰等
		电气机械及器材制造业	100	德国、日本、捷克、匈牙利等
		其他制造业	80.0	美国、德国、日本等
	能源加工	石油加工及炼焦业	73.3	美国、俄罗斯、比利时等
高端制造	新一代信息技术	仪器仪表制造业	86.7	美国、德国、日本、韩国等
		电子及通信设备制造业	60.0	美国、日本、新加坡、马来西亚等
	新材料	化学原料及化学制品业	93.3	美国、德国、法国等
		医药制造业	100	德国、英国、法国、意大利等
		有色金属冶炼加工业	88.0	德国、日本、韩国、荷兰等
		黑色金属冶炼加工业	82.5	德国、日本、韩国、澳大利亚等
	新能源	通用设备制造业	80.0	德国、瑞典、法国、俄罗斯等
	新能源汽车	交通运输设备制造业	100	美国、德国、日本、韩国、瑞典等
	生物医学工程	专用设备制造业	95.0	美国、德国、芬兰、荷兰、日本等
		其他制造业	96.7	美国、德国、瑞士、爱尔兰等
	生物医药	医药制造业	98.2	美国、德国、法国、瑞士、爱尔兰等
	节能环保	专用设备制造业	60.0	美国、德国、日本、韩国等
		仪器仪表制造业	90.0	美国、德国、荷兰、捷克等
		通用设备制造业	80.0	德国、意大利、斯洛伐克等
	高端装备制造	专用设备制造业	100	美国、德国、日本、荷兰、韩国等
		交通运输设备制造业	96.0	美国、德国、法国、加拿大等
		通用设备制造业	89.3	美国、德国、日本、法国等

数据来源：根据2018年中国海关统计数据整理。

（三）产业链核心环节控制

西方发达国家主要通过管控占据产业链核心环节的"链主"型跨国公司实现对我国的技术封锁和制裁。一是跨国公司对产业链核心环节的关键技术控制。相对于本国生产商，跨国公司在生产技术、规模经济、企业组织管理能力等无形资产方面拥有更大的竞争优势，使跨国公司可以克服在国外市场经营的天然劣势。链主型跨国公司往往拥有某一产业链核心环节的关键技术，并具有较强的科技研发能力。跨国公司为获取高额利润和维持在全球价值链分工中的高端地位，通过排斥我国资本对技术研发的参与权、决策权，对技术成果的使用权，以及实施"研发分工"等策略，将基础性研究和原创性研究安排在母国，辅助性的技术转化及应用置于我国本土，以此获得在"研发链"上的主动权，实现对关键技术和产业链核心环节的垄断和控制。此外，跨国公司对关键技术和产业链核心环节的控制，也导致链条上的相关本土企业一直处于跟随和附属地位，国内企业技术水平向国际先进水平追赶的难度增大，我国在全球价值链分工中的低端位置被进一步锁定和强化。二是跨国公司主导行业技术标准制定。技术标准已经成为产业尤其是高技术产业竞争的制高点，企业拥有技术标准的制定权就能掌握市场的主动权，世界各国对技术标准的竞争日趋激烈。目前通用的国际标准主要由欧美等发达国家制定，大型跨国公司在技术标准制定中发挥着重要作用。尽管我国在高速铁路、5G、特高压等技术方面具有一定的国际标准主导优势，但整体上仍然较少参与国际技术标准的制定，在诸多行业领域中面临较高的技术壁垒，缺乏在全球产业链中的话语权。例如，美国高通公司拥有 CDMA（用于通信的一种系统）的技术标准，我国手机生产企业需要向高通公司缴纳专利费；英国 ARM 公司（安谋国际科技股份有限公司）拥有 ARM 标准微架构技术标准，我国企业在设计芯片时需缴纳芯片构架专利授权费。此外，名义上未经相关国际组织或机构认证的技术和产品，也可能成为实际上的国际技术标准。例如，美国微软公司和苹果公司的操作系统、英特尔公司和超威半导体公司的微处理器，虽然没有成为名义上的国际标准，但事实上已经得到全球的广泛公认，从而形成"赢家通吃"的局面。三是跨国公司推动形成垄断性的市场结构。跨国公司依靠其技术优势和全球产业链主导地位优势，通过绿地投资、跨国并购等方式，在东道国形成寡头垄断或垄断的市场结构，阻止行业内新成员进入进而获取高额利润。例如，德国拜耳和美国科迪华两家种业巨头占据全球 50% 的市场份额，在全球种业产业链中处于垄断地位，我国是全球第二大种业需求市场，除小麦和水稻外，大多数农作物种子较为依赖进口，我国种业发展基础仍不牢固，粮食安全方面存在一定风险。此外，跨国公司还可以通过组建战略联盟，获取和交换资源、技术和知识，实现优势互补、成本和风险共担，形成规模经济和范围经济，从而提升对市场的垄断和控制。四是跨国公司通过限制中间产品贸易的途径影响我国产业链安全。跨国公司通过绿地投资和跨国并购的方式在一些国家建立经济实体，这些跨越国界的经济实体之间由于内部分工形成相互依赖的专业化生产关系，推动各国之间的中间产品贸易规模不断扩大。根据联合国贸易和发展会议（UNCTAD）的研究报告，跨国公司协调了全球价值链中 80% 的贸易往来，其投入与产出的跨境贸易主要在子公司、供应及经销合作伙伴构建的网络中进行。因此，跨国公司除了对国内产业链关键环节控制导致产业链安全隐患外，还由于与中间产品的国际贸易关系十分密切，进而影响我国对较为短缺的工业用原材料、能源矿产等大宗商品以及核心部件、关键设备等产品的进口，对我国产业链安全带来不利影响。

（四）外国重要产业链回流

在去全球化与保护主义回潮倾向下，世界主要发达国家借助产业政策积极推动制造业本土回流。美国、欧洲等西方发达国家为提高供应链弹性，强化重点产业链控制力，将部分关键产业链回迁，导致部分"链主"型跨国公司回流；同时，中美贸易摩擦也导致部分涉美出口外资企业从我国撤离，对我国产业链安全带来一定影响。一是发达国家纷纷实施"再工业化"战略，推动制造业产业链回流本土。受全球金融危机冲击而陷于困境的欧美等发达国家为重塑竞争优势，纷纷开启"再工业化"进程，如美国实施《美国复苏和再投资》《制造业促进法案》《美国先进制造业领导力战略》等一系列计划；德国提出"工业 4.0"战略以及实施《国家工业战略 2030》等计划；法国提出《新工业法国战略》以及未来工业等计划；英国提出《制造业新战略》《工业战略蓝皮书》等计划；日本提出《制造基础白皮书》《创新 25 战略》等计划。据回流计划库（reshoring initiative library）统计，截至 2015 年年底，已有 255 个生产基地回流美国，主要集中在电子产品、电器、机械、交通等领域。例如，科尔曼公司（Coleman Company）将塑料冷却器、皮尔利斯工业有限公司（Peerless Industries）将视听安装系统、美国通用电气公司将热水器、美国电子数据设备工业大公司（NCR）将 ATM 机的生产制造等从中国转移到美国，福特将部分卡车的生产从墨西哥转移到美国等。二是新的国际形势下安全发展成为国家的重要战略考量，发达国家加快推进关键产业链供应链自主可控。当今世界处于百年未有之大变局，大国博弈愈演愈烈，地缘政治紧张局势加速升级，和平与发展的时代主题被赋予更多对安全的关切，产业链供应链安全日益成为各国的重要战略目标。美国等西方发达国家出台相关产业政策保障关键产业链供应链安全稳定。例如，2020 年美国主导重新签署了《美墨加三国协议》（USMCA），提出 5 年过渡期内汽车零部件的北美原产地占比必须从原来的 62.5% 提高到 75%，才可以享受零关税优惠，并要求汽车制造商至少 70% 的钢铁和铝原料来自美国、墨西哥、加拿大。日本政府明确在其 2 435 亿日元的"供应链改革"项目中，有 2 200 亿日元（约 20 亿美元）用于资助日本企业将生产线从中国迁回日本，剩余 235 亿日元将用于资助日本公司将生产线迁到亚洲、非洲等多个地区，以实现供应链多元化。据统计，2020 年包括夏普、尼康等在内的 87 家日资企业撤离中国，相比 2012 年在华日本企业最高峰时期减少了近 800 家。三是中美贸易摩擦加剧外国产业链向本土回迁或海外转移。中美贸易摩擦进一步加剧我国产业链外迁进程。美国对华加征关税导致在中国境内的企业出口成本增加，部分涉美出口的纺织服装、家具制造等企业尤其是外资企业为规避关税壁垒，将部分产能回迁或转移到更具比较优势的国家和地区。例如，美国宣布对我国部分进口产品征收关税后，在华日本企业友华（Yokowo）、台资企业和硕向东南亚等地转移产业链，美国时尚背包零售商 Fred Perrotta 从中国迁出进行海外产业链布局。

（五）本地产业链外迁

当前，全球产业链链条长度逐步收缩，产业链空间格局向本地化、区域化、分散化趋势演变，东南亚等国家和地区凭借更多的优惠政策、更低的劳动力等要素成本成为全球重要的中低端制造业转移承接地。我国东南部沿海地区部分劳动密集型产业链环节已有外迁趋势，对我国产业链供应链的完整性带来一定影响。一是国内要素成本上升、资源环境压力增大导致部分产业链外迁。受国内劳动力、土地、资源环境等综合性成本上升影响，我国廉价要素禀赋优势逐渐减弱，部分较为依赖劳动力等要素资源的产业链环节加速向东南亚转移。世界银行和国际劳工组织的数据显示，2016 年我国的劳动工资约为越南的 3.4 倍，2020 年达到越南的 4 倍，部分出口或以代工为主的劳动密集型产业以及部分中高端产业向越南、缅甸、印度、印度尼西亚等新兴发展中国家转移。例如，部分手机终端装配、轻工纺织服装等生产加工环节已转移至越南等东南亚国家或地区；截至2019年年底，我国在越南投资的纺纱产能已经占据了越南纺纱总产能的32%。二是我国推进产业优化升级倒逼产业链低端环节向外迁移。近年来，我国鼓励企业向价值链高端发展，积极推动国内产业向高端领域升级，使得传统的高耗能、高污染、高排放的粗放发展模式难以为继，传统产业向绿色化、集约化、精细化转型升级成为必然趋势。同时，国内产业数字化改革加速推进，传统产业向数字化、智能化升级成为高质量发展的重要任务。数字产业化和产业数字化的协同推进，将推动传统产业与大数据、云计算、人工智能等现代信息技术深度融合，促进制造业企业实施智能化改造和数字化转型，强化对能源、工业、建筑、交通等传统行业的数字化赋能，进一步提高产业发展门槛，增大国内部分产业链低端环节外迁压力。三是外国大型"链主"型跨国企业回流导致部分本土产业链配套环节跟随外迁。大型跨国企业往往在产业链重点环节进行布局，具有较强的供应链协同能力，能够带动具有前后向联系的上下游企业向同一空间集聚，形成比较完整的产业链，在整个产业链中占据优势地位，对产业链大部分企业的资源和应用具有较强的直接或间接影响力，其上下游环节企业高度依赖跨国企业。因此，外国大型"链主"型跨国企业回流会带动供应链上下游企业的同步外迁，尤其是处于产业链上游环节、受"链主"型跨国企业控制的规模较小的供应商，受跨国企业外迁的影响较大。

第三节　产业链发展与安全的统筹

一、产业链安全的评价

目前，重要中间品和资本品进口限制、关键技术引进封锁已成为西方发达国家威胁我国产业链安全的主要手段。虽然美国、欧盟、日本等发达国家纷纷制定"再工业化"战略，通过出台"制造业回归"政策，促使跨国巨头回流本土，以及我国劳动力、土地等要素成本上升，导致部分产业链从我国外迁，但整体上并未形成大面积、系统性的产业外迁浪潮。外迁的企业往往也限于工艺比较简单、低附加值、劳动密集型的企业，关键工序、原材料、零部件、工艺流程等产业链环节依然选择留在国内，总体来看对我国产业链安全的影响相对较小。此外，评估国内具体产业链环节或整条产业链存在的潜在外迁风险存在一定的技术困难，为降低构建产业链安全程度指标的难度，本书未将产业链外迁风险纳入进来。

国内对产业链安全评价的研究还相对较少，苏庆义（2021）从一国经济维度和政治维度讨论了全球供应链安全，其中，经济维度包括外国的依赖程度和外国供应的多元化程度，政治维度包括政治关系和外国的断供能力。在经济维度方面，外国依赖程度既包括进口中间品依赖外国供应的风险，也包括销售端依赖外国需求的风险。外国供应的多元化程度是指一国对国外供给依赖的分散程度。在政治维度方面，一国与其政治关系友好的国家之间供应联系较为稳定，供应链中断的可能性较小；同时，供应链中断风险还与外国的全球供应链切断能力有关，即外国切断供应的能力越强，供应中断的可能性就越大。全球供应链安全的评价为更深刻认识效率与安全之间的关系提供了基础支撑，然而全球供应链风险因国家、行业、产品特征、在产业链中的地位、公司战略和分销渠道等方面不同而存在较大差异（Cattaneo et al., 2010）。此外，国内产业链的本地备份能力也是影响产业链安全的重要因素。因此，以国家层面的宏观视角进行分析忽视了全球供应链风险在中微观层面的特征，使得对产业链效率与安全的关系分析不够全面。本书在苏庆义（2021）对国家层面全球供应链安全的经济维度与政治维度分析的基础上，将产业链长度、产业链环节地位、产业链的备份能力等能够反映产业及产业链内部特征的因素纳入产业链安全的评价体系中。

（一）经济维度

从经济维度来看，产业链安全程度与产业链的生产长度、本国和外国所处的产业链环节地位、本国对外国的依赖程度、外国供应的多元化程度、本国的产业链备份能力以及产业链或环节的外迁等方面密切相关。

1. 产业链的生产长度

产业链的生产长度对产业链安全产生重要影响。按照 Baldwin 和 Venables（2013）的划分，产业链可以分为"蛇"形产业链和"蜘蛛"形产业链。现实中的产业链通常是"蛇"形和"蜘蛛"形的混合体，如图 2-3 所示。"蛇"形产业链强调各环节的有序衔接，更能反映产业链的纵向"长度"；"蜘蛛"形产业链强调各环节的同步组合，更能反映产业链的横向"宽度"。从产业链安全的角度来看，一方面，无论何种类型，产业链的安全稳定需要各环节保持有序衔接、正常运行，任何一个价值增值过程的中断，都不能构成完整的产业链；另一方面，构成产业链的环节越多，出现供应中断的可能性就越大，其面临的产业链安全风险也越高。因此，将产业链纵向"长度"与横向"宽度"加总作为产业链真实长度的衡量，符合实现产业链安全的内在要求和理论逻辑。此时，产业链的生产长度越长，其面临的风险越高。

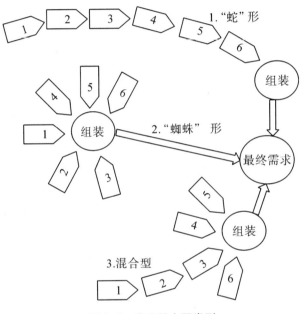

图 2-3　产业链主要类型

2. 本国和外国所处的产业链环节地位

产业链安全与本国所处的产业链环节地位密切相关。根据各环节对产业链发展的作用和地位的不同，可将产业链划分为核心环节、主导环节和配套环节（吴彦艳，2009）。其中，核心环节具有垄断能力强、可替代程度低等特点，通常是产业链各环节中价值增值最多的环节，影响并控制着整个产业链的发展；主导环节包含的价值增值环节较多，决定或影响产业链整体规模，通常位于产业链的"蜘蛛"形组装环节；配套环节是产业链中与核心、主导环节一起构成完整产业链条的其他环节，对核心环节、主导环节起到支撑作用。若一国处于某一产业链的核心或主导环节、外国处于产业链的配套环节时，则本国产业链面临较低的安全风险；而当本国处于某一产业链的主导或配套环节、外国处于产业链的核心环节时，本国产业链面临较高的安全风险。

3. 本国对外国的依赖程度

本国对外国的依赖程度主要包括本国进口中间品及资本品对外国的依赖，以及出口对外国市场的依赖。本国对外国的产业链某一环节的依赖主要体现在对重要中间品、资本品的进口依赖。本国对外国的重要中间品、资本品的进口依赖程度越高，国内产业链特定环节的稳定运行则越不受本国控制，一旦由于外部冲击造成外国的重要中间品、资本品供应中断，国内产业链的稳定运行将面临较大的挑战。因此，国内对重要中间品、资本品的外国依赖程度越高，本国产业链面临的安全风险也就越高；同样，本国出口产品越依赖外国市场，产业链面临的安全风险也越高。

4. 外国供应的多元化程度

在关注本国对外国的产业链环节依赖程度的同时，我们还应考虑该环节中间品、资本品外国供应的多元化程度。外国供应的多元化程度反映了国际市场上该产业链环节产品或技术的市场结构，若国际市场上只有一个或少数几个国家提供中间品、资本品，即国外供应的分散程度较低，则本国受该产业链环节的外国影响较大，面临的产业链安全风险较高；相反，若国外对该环节中间品、资本品的供应分散程度较高，则本国受该环节的外国影响较小，面临的产业链安全风险较低。

5. 本国的产业链备份能力

产业链安全程度与国内产业链受到威胁或发生中断后的恢复能力有关。一国的产业链备份能力主要取决于该国的要素资源禀赋和产业基础，产业链备份能力越强，其产业链安全程度也就越高。在通常情况下，发展中国家面临的劳动密集型产业链安全风险相对较低，而面临的高技术产业链安全风险则相对较高；发达国家则相反。例如，依靠资源出口的发展中国家，即使国内没有完整的服装、纺织等劳动密集型产业链，当服装、纺织产品的国外供应中断时，也可以依靠其拥有的充足劳动力要素资源和相关产业基础，通过建立本地产业链实现产品的供应；发达国家通常在基础科学、基础材料、生产工艺等方面具有较高的研究开发能力，当国际市场上某一高技术产品由其他更具比较优势的发达国家提供，国内面临该产品的外国供应限制时，发达国家可以依靠自身的技术研发能力和生产工艺水平建立本地产业链应对外部冲击。

6. 产业链或环节的外迁

产业链或环节的外迁可以分为两种模式：一是由劳动力、土地、资源环境要素成本上升，以及为寻求海外资源、拓展国际市场等经济因素驱动的外迁；二是由地缘政治等非经济因素驱动的外迁。其中，经济因素导致的产业链或环节的外迁属于市场经济条件下市场主体的理性行为，而非经济因素干扰带来的产业链或环节的外迁则是迫使市场主体偏离正常的市场经济规律，对国内产业发展、就业结构等经济发展带来一定的冲击。从理论上讲，经济因素驱动的产业链或环节的转移并不对产业链安全产生影响，但考虑到现阶段我国尚未完成产业结构转型升级，高技术产业链发展的外部依赖程度仍然较高，在全球价值链分工中仍处于中低端位置，此时经济因素驱动的产业链或环节的外迁仍然会对经济发展带来不利影响。因此，现阶段将由经济因素和非经济因素导致的产业链或环节的外迁均视为影响产业链安全的重要因素。

（二）政治维度

从政治维度来看，当前国际形势复杂多变，大国博弈、地缘政治冲突等政治因素越来越成为影响一国产业链安全的重要变量。一般而言，经济因素是影响产业链安全的基础变量，政治因素作用于经济因素而对产业链安全产生影响。政治因素可以分为政治关系和外国供应链中断能力两个方面。

1. 政治关系

国家之间的政治关系是影响产业链安全的重要因素。一国与其政治关系较好的国家往往可以建立起良好的经贸合作伙伴甚至同盟关系，当本国与处于产业链上游环节的外国政治关系较好时，外国的重要中间品、资本品供应中断的可能性相对较小，本国面临的产业链安全风险相对较低；相反，本国与处于产业链上游环节的外国政治关系较差时，外国可能会采取限制出口重要中间品、资本品等手段切断与本国的供应联系，本国面临的产业链安全风险相对较高。

2. 外国供应链中断能力

产业链安全不仅取决于政治维度的国家关系，还取决于外国供应链中断能力。外国供应链的中断能力与其国家规模、政治和经济制度、法治程度、政府管制能力等因素有关。若一国与处于产业链上游环节的外国政治关系较差，且外国对供应链的中断能力较弱，则该国面临的中断风险仍然较低，产业链安全程度较高。例如，我国与菲律宾、越南等东盟部分国家的南海问题对两国政治关系带来一些影响，但由于东盟国家供应链的中断能力相对较弱，引发严重产业链安全问题的风险较小。但对于中美政治关系而言，由于美国具有较强的供应链中断能力，中美关系恶化引发严重产业链安全问题的风险则相对较高。

产业链安全的结构如图2-4所示。

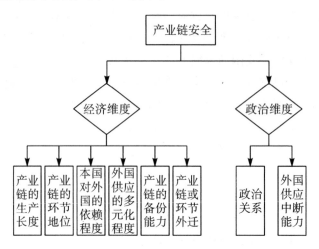

图2-4 产业链安全的结构

二、效率与安全的平衡

（一）效率与安全之间的组合

当前，重要中间品和资本品进口限制、关键技术引进封锁已成为西方发达国家威胁我国产业链安全的主要手段。为突出重点并使分析尽量简化，本书以高技术制造产业链为例，假设外国处于产业链的技术研发等核心环节，我国处于产业链的生产加工等主导或配套环节，且对核心环节的本地备份能力较弱，对主导或配套环节的本地备份能力较强。根据比较优势理论，在不存在贸易成本的假设下，一国基于自身要素资源禀赋优势参与全球产业分工最具经济效率，能够增加并最大化社会福利。在国际产业协作分工最具效率的状态下，基于经济维度和政治维度可以将我国的产业链安全划分为六种因素的组合，如图2-5所示。在政治维度方面，如果本国与外国政治关系好、外国断供能力弱，则本国产业链安全程度最高；相反，如果本国与外国政治关系差、外国断供能力强，则本国产业链安全程

度最低；在本国与外国政治关系差、外国断供能力弱以及本国与外国政治
关系好、外国断供能力强的两种状态下，产业链安全处于最高和最低之间
的相对安全状态。在经济维度方面，可以从本国特征和外国特征两方面来
看。在本国特征方面，如果产业链较短、本国处于主导环节，则产业链安
全程度最高；如果产业链较长、本国处于配套环节，则产业链安全程度最
低；在产业链较短、本国处于配套环节以及产业链较长、本国处于主导环
节的两种状态下，产业链安全程度为相对安全。在外国特征方面，如果本
国对外国产业链核心环节的依赖程度低、外国供应多元化程度高，则产业
链安全程度最高；如果本国对外国产业链核心环节的依赖程度高、外国供
应多元化程度低，则产业链安全程度最低；在外国依赖程度与外国供应多
元化程度的其他组合下，则使产业链处于相对安全的状态。

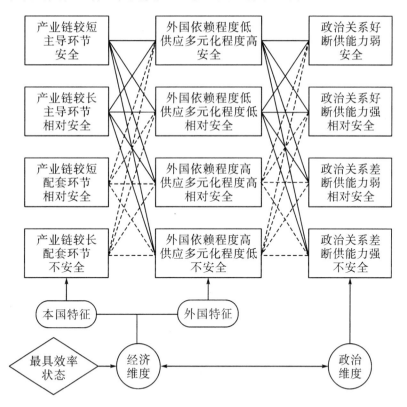

图 2-5　外国处于产业链核心环节情形：效率与安全之间的组合

产业链安全要综合考虑经济和政治两个维度的特征。即使某一产业链
长度较短，且本国处于产业链的主导环节，当外国处于该产业链的核心环

节，本国对外国的依赖程度较高、外国供应多元化程度较低，本国与外国的政治关系较差、外国断供能力较强时，本国仍面临较大的产业链安全风险。此外，本国和外国处于产业链环节地位不同，使得本国面临的产业链安全风险也有所不同。如果本国处于产业链核心环节、外国处于产业链主导或配套环节，当本国对外国的依赖程度较高、外国供应多元化程度较低，且本国与外国的政治关系较差、外国断供能力较强时，本国仍然面临较高的产业链安全风险；但考虑到本国对主导或配套环节的本地备份能力较强，本国可以利用劳动、资本等要素资源优势推动产业链主导或配套环节本土化，进而降低其面临的产业链安全风险。

（二）我国产业链效率与安全的平衡

从产业链安全的两个维度以及效率与安全之间的几个组合来看，可以通过改善经济和政治两个维度的安全性提高我国的产业链安全水平，但提升产业链安全的不同方式可能对效率产生不同影响。结合我国的产业链备份能力以及面临的产业链安全形势，可以提出我国产业链效率与安全权衡的主要方式：一是推动产业链核心环节本土化，以效率的降低换取安全水平的提升。我国劳动、资本要素资源较为丰富，在劳动密集型、资本密集型产业领域具备竞争优势，而知识、创新要素资源优势相对不足，具有高技术特征的产业链核心环节往往掌握在美国、欧洲等发达国家手中，国内高技术产业领域的产业链备份能力较弱。我国可以依托国内门类齐全的产业发展基础，通过相关产业政策促进技术创新，推动产业链核心环节本土化，然而本土化的核心环节往往会面临生产成本高、产品质量不高，以及产业政策导致市场配置资源扭曲等问题，此时产业链安全的提升以经济效率的降低为代价。二是通过改善国际政治关系、降低对断供能力较强国家的依赖，不损失效率的同时兼顾产业链安全水平提升。逆全球化、单边主义回潮使得政治因素越来越成为影响产业链安全的重要因素。我国从加入WTO到国际金融危机爆发前，中美政治关系保持相对稳定，即使美国的中断供应能力较强，我国仍未面临严重的产业链安全问题。近年来中美关系逐渐紧张，尤其是特朗普执政以来，两国政治关系持续恶化，以美国为首的西方发达国家对我国发动技术封锁和制裁，我国产业链安全问题日益凸显。我国政府可以通过改善与我国具有供应联系的外国政治关系，以及降低对断供能力较强国家的依赖来促进产业链安全水平的提升，同时不损失经济效率。例如，在农副产品生产加工领域，我国对美国、巴西大豆、加拿大大麦的进口依赖程度较高，由于我国与美国、加拿大的政治关系较差，导致国内压榨加工、饲料生产、啤酒工业等相关产业链面临较大安全风险。因此，我国政府可以通过向阿根廷、巴拉圭、乌拉圭等南美洲国家适度扩大大豆进口规模，以及加大对俄罗斯大麦的进口力度来减少对美国、加拿大的依赖，逐步实现对美国、巴西进口大豆、加拿大大麦的部分替代，提高国内相关产业链安全水平。三是促进形成产业链新业态，实现安全与效率的同步提升。世界范围内新科技革命的兴起以及由此带来的新能源、新工艺、新材料、新业态的涌现，对传统的国际产业分工格局产生了颠覆性影响。在很多新兴领域，发达国家既有的传统工业基础与经验积累优势大幅减弱，使得我国在新兴领域与发达国家处于同一起跑线，我国在未来产业发展方面实现"弯道超车"和跨越式发展成为可能，这种新兴业态实现带来的传统产业链升级推动了效率和安全水平的提升。例如，我国为应对能源发展面临资源短缺、环境保护的双重约束，以及长期依赖外部供应导致的能源安全问题，通过加速推进绿色能源技术创新，积极布局新能源产业，实现新能源产业的规模化、市场化、现代化发展。目前，我国已经成为世界第一大风电整机装备生产国，产量占全球一半以上，形成了完整、自主可控、具有领先水平和全球竞争力的风电产业链。

第四节　我国产业链高质量发展的总体思路和重点任务

一、总体思路

顺应新一轮科技革命和产业变革以及后疫情时代全球产业链重构趋势，我国政府要全面贯彻新发展理念，以高质量发展为主题，以提升产业链现代化水平为主线，以改革开放创新为动力，统筹发展和安全，发挥国内大循环的主体作用、国内国际双循环的相互促进作用；重点围绕加快关键产业链和核心环节基础能力建设，推动传统产业链转型升级，促进空间链布局协调优化，构建新型国际关系体系等方面，打造特色鲜明、相对完整、安全可靠的产业链供应链体系，构筑产业发展国际竞争新优势，壮大我国经济高质量发展新动能。

二、重点任务

（一）聚焦涉及国家安全、经济安全的关键产业链和核心环节，加快推进产业链补短板和锻长板

我国政府要面向国家的急迫需要和长远需求，把握关键核心技术的高投入、长周期、复杂性、战略性和垄断性等突出特点，发挥我国集中力量办大事的制度优势，坚持问题导向和应用牵引，优化配置创新资源，强化战略科技力量；聚焦关系国家安全和国计民生的重要产业链和关键核心技术，围绕石油天然气、基础原材料、高端芯片、工业软件、农作物种子、科学试验用仪器设备、化学制剂等领域全力开展关键核心技术攻坚，加快突破一批药品、医疗器械、医用设备、疫苗等领域关键核心技术，补齐重点产业链和产业链关键环节国内短板；针对我国已形成的重点优势产业链和产业链关键环节，通过锻长板强化产业链独有优势和核心竞争力，巩固和提升我国产业链核心控制能力；聚焦事关发展全局和国家安全的基础核心领域，瞄准人工智能、量子信息、集成电路、先进制造、生命健康、脑科学、生物育种、空天科技、深地深海等前沿领域，前瞻部署一批战略性、储备性技术研发项目，培育和抢占未来产业发展制高点。

（二）培育和集聚更多具有国际竞争力的龙头企业和单项冠军企业，增强产业链控制力

我国政府要着力培育具有国际竞争力的产业链龙头企业，强化龙头企业发展能级和头雁作用，鼓励有条件的本土龙头企业强化产业链整合和价值链延伸，在不同产业领域、不同产业链环节之间交叉渗透融合，形成跨界融合的产业集团；支持龙头企业通过跨行业、跨区域、跨国家兼并重组等方式提升国际影响力和对产业链关键环节的控制力；发挥"链主"企业毗邻终端消费者和背靠生产性服务产业优势，从供给侧和需求侧开展固链、补链、强链等专项行动，通过以企引企、以商招商等方式吸引配套企业、生产性服务企业、资金、人才等资源要素集聚，建立全方位的"链式服务"体系，引领带动产业链安全稳定运行；加快培育和打造专注于产业链特定细分产品领域、生产技术或工艺国际领先、在单项产品上具有较高全球市场占有率的冠军企业，提升产业链重点环节的产品技术含量，完善产业链供应链重要节点体系建设；鼓励中小企业深耕细分市场，支持中小企业朝"专精特新"方向发展，以"专精特新"型企业和制造业产业链重

要节点企业为基础，培育壮大单项冠军企业，形成完善的企业培育体系。

（三）加快推动传统产业链转型升级和新兴产业链壮大发展，构筑高效、安全、稳定的产业链

我国政府要抢抓产业数字化、网络化、智能化机遇，加快推进数字化与工业化深度融合，扩大智能制造技术推广应用，优先针对成本敏感型和产业链外迁风险大的行业，加快推动一批中小企业完成数字化、智能化改造；支持人工智能服务制造业升级，加大制造业场景中的人工智能应用力度，依托工业互联网平台发展现代供应链，为产业链全流程提供优化解决方案；加快推进生产性服务要素与制造业的资源整合与集聚发展，支持和引导制造企业有效运用研发、设计、品牌运营、信息服务、知识服务等专业服务资源实现产业链升级和创新发展；鼓励制造企业基于核心技术优势拓展专业化、社会化服务，开发基于客户深度参与的产品个性化定制服务，促进生产型制造向服务型制造转型，构建制造与服务融合的产业价值链，为传统产业链增加质量优势和效率优势；加快培育和发展新兴产业链，加大新一代信息技术、高端装备制造、新能源、新材料、节能环保等产业链关键核心技术和前沿技术的研发力度，强化企业技术创新能力建设，健全产业创新支撑体系，完善并扩大新兴产业技术和产品推广应用政策。

（四）围绕国内国际双循环优化产业链空间布局，构建灵活多元顺畅可控的产业链供应链体系

我国政府要突出国内大循环的主体作用，充分利用我国超大规模市场优势和内需潜力，统筹产业链供应链区域布局；发挥东部地区地理区位优势、产业集群优势和改革开放的先发优势，大力发展高端产业和战略新兴产业；深入挖掘中西部地区、东北地区在劳动力要素、资源禀赋、市场潜力等方面的优势，积极承接东部劳动密集型产业和资源密集型产业的转移，加快推动传统产业转型升级和高新技术产业孵化培育，引导产业链关键环节留在国内，拓展形成区域合理分工、联动发展的产业链空间格局，维护产业链的完整性和安全性；深入推进高水平对外开放，引导产业链高端环节向我国转移，促进延链、补链、强链，鼓励国内企业"走出去"实施产业链全球化布局，打造多元平衡、灵活高效、富有弹性的产业链供应链；顺应全球区域产业链重塑趋势，优化与东南亚、南亚以及"一带一路"沿线国家和地区的产业链供应链合作，着力构建多层次、宽领域、高

质量的国际合作链条，打造供需高效对接的循环流通体系，提高全球范围内的产业链资源配置能力和供应链风险抵御能力，实现产业链供应链顺畅可控。

（五）构建合作共赢的新型国际关系体系，降低政治因素带来的产业链安全风险

我国政府要以平等互惠、相互尊重为基础，以合作共赢为核心，构建新型国际关系体系；加快推进大国协调与合作，保持与美国沟通对话，增进相互之间的理解；加强与欧洲大国开展多层次、多领域交流合作，构建总体稳定、均衡发展的大国关系框架；扩大全球伙伴关系发展，按照亲诚惠容理念加强与"一带一路"沿线国家和地区的联系，以与邻为善、以邻为伴周边外交方针深化同东南亚、南亚等周边国家关系，增强新型国际关系构建力量；加强同拉丁美洲、非洲等新兴市场国家和发展中国家团结合作，促进各国发展战略对接、形成发展合力，完善全球发展架构，推动形成更高水平、更深层次的新型国际关系体系；发挥我国在新型国际关系建设当中的带头作用，积极参与并引领二十国集团、上合组织、金砖国家等有利于世界和平发展的重要平台建设，依托我国经济、科技、综合国力等强大实力，扩大在国际舞台上的影响力，提升在国际社会中的话语权，增强国家战略能力；广泛发动企业、学校、商协会等民间外交力量，深入开展教育、科学、文化、体育、旅游等各领域人文合作，增强与国际社会的沟通和联系，推动形成多元互动的人文交流格局，为新型国际关系体系构建注入生机活力。

第三章　成渝地区双城经济圈产业链发展及安全评价

　　在新发展格局下，产业链的协调、高效、安全发展成为产业链高质量发展的重要内容。成渝地区双城经济圈是我国制造业的重要集聚区，具有较为完整的工业体系、强大的生产能力、广阔的市场规模，在西部地区参与国内国际双循环新发展格局建设中优势明显。在推动我国构建新发展格局的过程中，成渝地区要在依据比较优势合理参与全球产业分工的同时，推动产业链向高附加值环节延伸，促进全球价值链地位不断攀升，降低对产业链关键环节、核心技术等方面的外部依赖，确保产业链供应链自主可控和安全稳定，实现产业链高质量发展。本章立足于新发展格局对产业链高质量发展提出的新要求，结合成渝地区的资源禀赋和产业基础，对成渝地区产业链安全现状进行客观判断和评估，揭示产业链安全面临的主要风险；同时，选取成渝地区电子信息、汽车制造等具有代表性的产业链条，对产业链具体环节进行案例分析，并对相应的产业链安全状况做出评价。本章内容有助于成渝地区双城经济圈更好地兼顾发展和安全，发挥战略大后方作用，推动产业链供应链优化升级，增强产业链韧性和竞争力，构建富有弹性、多样化和安全的产业链供应链，为形成带动全国高质量发展的重要增长极和新的动力源提供重要支撑。

第一节　成渝地区产业链安全现状

一、成渝地区产业链发展基本情况

　　近年来，成渝地区双城经济圈经济发展能级显著提升，产业结构不断优化，现代产业体系不断完善。2020 年，川渝形成以汽车、电子信息、装备制造、消费品工业等为主导的产业集群。其中，汽车、电子信息产业全域配套率超过80%，汽车产量占全国总产量的9.1%，智能手机产量占全国总产量的18.2%，电子计算机产量占全国总产量的44.1%，是全球最大的笔记本电脑制造基地、全国第二大手机制造基地和全国六大汽车产业基地之一。分地区来看，重庆形成汽车、摩托车、电子、装备、生物医药、材料、消费品、能源8个支柱产业，新一代信息技术、新材料、绿色环保、生物、高端装备、数字创意、新能源汽车等战略性新兴产业集群加快培育壮大（见表3-1）；四川形成电子信息、装备制造、食品饮料、先进材料、能源化工5个支柱产业（见表3-2）。

表 3-1　2020 年重庆市支柱产业情况

产业	工业总产值/亿元	占比/%
	22 655.0	100
一、汽车产业	3 671.9	16.2
整车	1 709.4	7.6
配套	1 962.4	8.7
二、摩托车产业	830.7	3.7
三、电子产业	6 441.0	28.4
计算机整机和配套	3 054.2	13.5
手机整机和配套	1 185.5	5.2
智能消费设备	121.1	0.5
其他电子	2 080.1	9.2
四、装备产业	2 100.9	9.3
五、生物医药产业	672.0	3.0
六、材料产业	4 219.8	18.6
冶金	1 680.0	7.4
建材	1 643.8	7.3
化工	896.0	4.0
七、消费品行业	3 321.0	14.7
农副食品加工业	858.9	3.8

表3-1（续）

产业	工业总产值/亿元	占比/%
食品制造业	275.3	1.2
烟草制品业	204.7	0.9
酒、饮料和精制茶制造业	206.9	0.9
纺织	185.1	0.8
轻工	1 590.2	7.0
八、能源工业	1 397.7	6.2
煤炭	102.6	0.5
石油天然气	116.5	0.5
水生产和供应	69.3	0.3
电力、热力生产和供应	1 084.9	4.8
其他	24.5	0.1

表 3-2　2020 年四川省支柱产业情况

产业	营业收入/亿元	增速/%
电子信息（不含软件）	6 957.5	22.6
装备制造（包含汽车）	7 327.8	2.3
食品饮料	9 067.7	5.4
先进材料	6 317.3	6.0
能源化工	7 271.9	—

　　四川布局做强 20 条重点产业链。2021 年，成都市印发了《成都市实施产业建圈强链行动推进产业高质量发展工作方案》，聚焦集成电路、新型显示、创新药、高端医疗器械、航空发动机、新能源汽车等发展基础较好、新赛道开辟机遇较大、市场前景广阔的重点领域，精准细化明确了 20 条产业链，全面推进产业"建圈"与"强链"并重，因链施策，着力实施"链长制"；由市领导担任链长，统筹资源要素，协同产业链补链强链延链，稳定供应链、配置要素链、培育创新链、提升价值链，对产业链上下游、左右岸进行整体协同培育。成都市以重点产业链为工作主线，政府重点支持与市场化机制驱动并重，关键细分领域突破与全产业链推进并

行，一条重点产业链因链制定发展战略、因链精准配套政策，强化差异化施策，一套政策工具包只配一个产业链；同时，构建以链主企业带动、领军人才引领、产业基金助力、中介机构催化、公共平台保障为支撑的产业生态体系，着力打造一批在国内外具有比较竞争优势、在区域性产业链演化整合中凸显"根植性"的绿色低碳可持续的重点产业集群。

重庆市布局33条重点产业链强链补链。2021年，重庆基于全市"6+5"现代产业体系，围绕重点产业和产业的重点发展方向，聚焦集成电路、新型显示、生物药品制品等战略性新兴产业领域，前瞻性梳理出33条重点产业链，系统性勾勒产品发展图谱，努力建立起较为完整的企业发展图谱和产业网络，以补齐短板为突破口着手实施产业基础再造工程，以拉长长板为抓住实施产业链供应链现代化水平提升工程；建立"链长制"并以"链长制"为抓手，统筹协调产业链上下游各环节，强化需求对接、项目引进，促进要素保障，一企一策细化企业帮扶。为了更好地回应市场变化和企业发展诉求，重庆市经信委、市科技局等部门强化协作、加强政策协调沟通，联合印发《重庆市"十四五"时期重点发展的33条产业链关键重要技术需求》，对全市33条产业链需要补强补齐的关键技术拉出清单、明确目标、挂图作战。针对企业提出的清单化需求，各级部门之间强化协同配合，强化政策共振和红利叠加效应，打通政、产、学、研、融梗阻，同步推进政策生态、产业生态、创新生态融合共建。稳步加大研发投入，协同推进新技术研发、新工艺推广、新产品应用和新市场开拓，以高端研发平台聚集高新技术企业，以高新技术企业吸引高水平人才团队，高水平人才团队提振高端研发平台，良性循环推动产业创新能力提升。

二、成渝地区产业链安全的分析

（一）产业链的生产长度

本书使用亚洲开发银行（ADB）发布的2021年世界投入产出表[①]（ADB-MRIO），按照WWYZ（2017）的测算方法，以后向关联的价值链生产长度指标表示我国的产业链生产长度，即在序贯生产过程中生产要素创造的增加值被计算为总产出的平均次数。世界投入产出表反映的是国家层面行业部门的投入产出情况，不能对成渝地区各行业部门的生产长度进行

[①] ADB-MRIO反映了63个国家和地区35个行业部门的投入产出情况。

准确测算，考虑到成渝地区是全国重要的制造业基地，本书以全国各行业部门的生产长度近似替代成渝地区各行业部门的生产长度（见表3-3）。从表3-3中可以看出，电气和光学设备制造、运输设备制造、纺织、橡胶和塑料制品、机械制造等行业部门的生产长度较长，因而其面临的产业链安全风险也较高；房地产、教育、家居用品修理、批发以及农、林、牧、渔等行业部门的产业链长度则相对较短，其面临的产业链安全风险也较低。

表3-3　成渝地区各行业部门的生产长度

行业部门	行业部门代码	生产长度
电气和光学设备制造业	c14	3.50
运输设备制造业	c15	3.36
纺织业	c4	3.32
橡胶和塑料制品业	c10	3.28
机械制造业	c13	3.24
皮革及其制品和制鞋业	c5	3.21
木材及木制品业	c6	3.19
建筑业	c18	3.14
造纸和印刷出版业	c7	3.12
金属制品业	c12	3.10
化学制品制造业	c9	3.08
非金属矿物制品业	c11	2.87
焦炭、精炼石油和核燃料业	c8	2.83
电力、天然气及水生产和供应业	c17	2.79
食品、饮料和烟草业	c3	2.74
航空运输业	c25	2.72
其他商业服务	c30	2.71
卫生和社会工作	c33	2.65
水路运输业	c24	2.59
住宿和餐饮业	c22	2.56
内陆运输业	c23	2.34

表3-3（续）

行业部门	行业部门代码	生产长度
邮政和电信业	c27	2.32
其他社区、社会和个人服务	c34	2.31
其他辅助和辅助运输业	c26	2.31
采矿业	c2	2.22
公共管理、国防及强制性社会保障	c31	2.04
其他制造业及废弃资源回收利用业	c16	2.04
金融业	c28	1.99
农、林、牧、渔业	c1	1.94
批发业	c20	1.81
家居用品修理业	c21	1.78
教育	c32	1.72
房地产业	c29	1.58
汽车摩托车的销售、维护和修理业	c19	—
私人雇佣的家庭服务	c35	—

数据来源：根据亚洲开发银行发布的相关数据整理。

（二）进口中间品和进口资本品的基本情况

据中国海关数据统计，2021年川渝两省市进口HS编码（全称为《商品名称及编码协调制度的国际公约》）产品共3 061种，本书结合联合国贸易统计数据库发布的HS编码与BEC分类（广义经济分类标准）转换表，将HS编码转换为BEC分类编码。按照BEC分类标准，可将中间产品分为用于工业的初级或加工的食品和饮料、初级或加工的工业用品、初级或加工的燃料和润滑剂、资本品零部件、运输设备零部件五大类；将资本品分为机械设备与其他资本品（运输设备除外）、工业用运输设备两大类。具体来讲，在中间产品中，BEC编码为111、121的产品归入用于工业的初级或加工的食品和饮料类，BEC编码为21、22的产品归入初级或加工的工业用品类，BEC编码为31、322的产品归入初级或加工的燃料和润滑剂类，BEC编码为42的产品归入资本品零部件类，BEC编码为53的产品归入运输设备零部件类；在资本品中，BEC编码为41的产品归入机械设备与其他资本品类，BEC 编码为 521 的产品归入工业用运输设备类。由此可得到 2021 年成渝地区进口中间产品共 1 833 种，金额共 5 471.1 亿元，进口来源国涉及 185 个国家和地区；进口资本品共 446 种，金额共 864.7 亿元，进口来源国涉及 79 个国家和地区。

成渝地区进口中间品以资本品零部件、初级或加工的工业用品为主（见表 3-4）。2021 年，成渝地区进口用于工业的初级或加工的食品和饮料类中间品有 50 种，涉及金额 54.8 亿元，占进口中间品总额的 1.0%，主要包括大豆、初榨的菜籽油、棕榈油等产品；进口初级或加工的燃料和润滑剂类中间品有 13 种，涉及金额 96.4 亿元，占进口中间品总额的 1.8%，主要包括聚酯非泡沫塑料板、褐煤、烟煤、液化丙烷、液化丁烷等产品；进口交通运输设备零部件类中间品有 84 种，涉及金额 154.3 亿元，占进口中间品总额的 2.8%，主要包括机动车辆用变速箱、涡轮喷气发动机或涡轮螺桨发动机的零件、涡轮喷气发动机（推力>25KN）、车身（包括驾驶室）的其他零件等产品；进口资本品零部件类中间品有 232 种，涉及金额 698.3 亿元，占进口中间品总额的 12.8%，主要包括自动数据处理设备的零件、电话机零件、印刷电路、无线广播及雷达装备用零件、电力控制或分配台等产品；进口初级或加工的工业用品类中间品有 1 454 种，涉及金额 4 467.3 亿元，占进口中间品总额的 81.6%，主要包括处理器及控制器、存储器、集成电路、未烧结的铁矿砂及其精矿等产品。

表 3-4　成渝地区进口中间品基本情况

中间品类别	进口种类	进口额/亿元	占进口中间品比例/%	主要产品①
食品和饮料加工	50	54.8	1.0	大豆（42.2%）、初榨的菜籽油及其分离品（20.3%）、棕榈油（9.0%）、芝麻（4.8%）、初榨的葵花油及红花油（4.4%）、固态乳及稀奶油（3.8%）等
燃料和润滑剂	13	96.4	1.8	未制成型的褐煤（32.6%）、烟煤（21.2%）、其他煤（14.7%）、液化丙烷（13.5%）、液化丁烷（9.5%）、液化天然气（7.2%）等

———

① 括号内的百分比为产品进口额占该中间品类别进口额的比例。

表3-4(续)

中间品类别	进口种类	进口额/亿元	占进口中间品比例/%	主要产品
交通运输设备零部件	84	154.3	2.8	机动车辆用变速箱（35.9%）、涡轮喷气发动机或涡轮螺桨发动机的零件（18.8%）、推力>25 kN的涡轮喷气发动机（7.1%）、车身（包括驾驶室）的其他零件（6.0%）、排量>1 000 ml的车用往复活塞发动机（4.8%）、锂离子蓄电池（3.4%）、车辆用未列名零件（2.7%）、制动器与助力制动器及其零件（2.2%）、其他点燃式活塞内燃发动机的零件（2.1%）等
资本品零部件	232	698.3	12.8	自动数据处理设备的零件（23.5%）、电话机零件（14.8%）、印刷电路（14.4%）、无线广播及雷达装备用零件（7.4%）、电力控制或分配台（4.6%）、专用于制造半导体单晶柱或晶圆以及半导体和集成电路装置的零件（4.4%）、光敏半导体器件及发光二极管（2.5%）、其他连接用电气装置（2.4%）、耗散功率≥1 W的晶体管（2.3%）等
工业用品	1 454	4 467.3	81.6	处理器及控制器（65.8%）、存储器（6.9%）、其他集成电路（5.4%）、未烧结的铁矿砂及其精矿（2.6%）、未锻轧的精炼铜阴极及阴极型材（1.7%）、放大器（1.1%）、半漂白或漂白非针叶木烧碱木浆或硫酸盐木浆（1.1%）、半漂白或漂白的针叶木烧碱木浆或硫酸盐木浆（1.0%）等

数据来源：根据中国海关统计数据整理。

成渝地区进口资本品以机械设备与其他资本品为主（见表3-5）。2021年，成渝地区进口机械设备与其他资本品类资本品达438种，涉及金额863.4亿元，占进口资本品总额的99.9%，主要包括存储部件、制造平板显示器用的机器及装置、制造半导体器件或集成电路用的机器及装置、未列名液晶装置和其他光学仪器及器具等设备；进口工业用运输类资本品有8种，涉及金额1.3亿元，占进口资本品总额的0.1%，主要包括直升机、非机械驱动车辆等运输设备。

表 3-5　成渝地区进口资本品基本情况

资本品类别	进口种类	进口额/亿元	占进口资本品比例/%	主要产品
机械设备与其他资本品	438	863.4	99.9	存储部件（29.4%）、制造平板显示器用的机器及装置（14.9%）、制造半导体器件或集成电路用的机器及装置（5.2%）、未列名液晶装置和其他光学仪器及器具（3.1%）、组装半导体或集成电路机器及装置（3.0%）、其他具有独立功能的机器及机械器具（3.0%）、多层瓷介电容器（2.5%）、激光器，激光二极管除外（2.3%）、接收转换且发送或再生声音等数据的设备（2.3%）、其他测量或检验用光学仪器及器具（2.0%）等
工业用运输设备	8	1.3	0.1	空载重量>2 000 kg 的直升机（36.3%）、未列名非机械驱动车辆（26.6%）、空载重量≤2 000 kg 的直升机（24.6%）、非公路用货运自卸车（5.5%）等

数据来源：根据中国海关统计数据整理。

（三）进口中间品和进口资本品的外国依赖程度

成渝地区对进口中间品或进口资本品的外国依赖程度可以表示为 $P_{ck} = \sum_{i=1}^{N} X_{ic} / \left(X_{cc} + \sum_{i=1}^{N} X_{ic} \right) = 1 / \left(1 + X_{cc} / \sum_{i=1}^{N} X_{ic} \right)$ ，$i \neq c$。其中，c 表示成渝地区，k 表示产业链某一环节，假设共有 N 个国家，来自 i 国家的中间品或资本品为 $X_{ic}(i \neq c)$，来自国内的中间品或资本品为 X_{cc}，成渝地区使用的中间品或资本品一部分来自本国生产，另一部分来自国外进口，两者的比重为 $X_{cc} / \sum_{i=1}^{N} X_{ic}$，体现了全球对成渝地区该产品的供应结构。由于进口中间品或进口资本品的本国生产数据难以获取，本书以其他数据进行近似替代。从理论上讲，对于某一特定产品，我国出口该产品占全球市场的份额在一定程度上反映了该产品的全球供应结构，也反映了我国对该产品的生产能力。从产品的供应结构来看，以我国出口某中间品或资本品占全球出口该产品的份额，对成渝地区使用的本国中间品或资本品占进口该产品的比重进行替代，具有较好的合理性。

成渝地区大部分进口中间品的外国依赖程度均较高。本书按照进口中间品的五个大类，对各类进口中间品外国依赖核密度进行分析，如图 3-1

所示。从总体来看，所有进口中间品的外国依赖指数均在0.5以上，进口中间品的外国依赖程度相对较高。其中，交通运输设备零部件、资本品零部件，以及工业用品类进口中间品的外国依赖指数分布主要集中在0.7~0.9；食品和饮料加工、燃料和润滑剂类进口中间品的外国依赖指数分布集中在0.9以上。具体到产品层面，在50种食品和饮料加工类进口中间品中，除其他暂时保藏的水果及坚果、其他食用植物产品2种进口中间品外，大豆、初榨菜籽油、棕榈油等其他进口中间品的外国依赖程度均在0.8以上；在13种燃料和润滑剂类进口中间品中，除竹炭1种进口中间品外，褐煤、烟煤等其他进口中间品的外国依赖指数均在0.8以上；在84种交通运输设备零部件类进口中间品中，61种进口中间品的外国依赖指数在0.8以上，其中涡轮螺桨发动机、航空器用点燃往复式或旋转式活塞内燃机、航空器发动机零件、推进器、水平旋翼及其零件等进口中间品的外国依赖程度最高；在232种资本品零部件类进口中间品中，166种进口中间品的外国依赖指数在0.8以上，其中录制声音等信息用媒体、其他微波管、书本装订机器的零件、照相（包括电影）洗印及负片显示装置和设备的零件、导航仪器及装置的零件等进口中间品的外国依赖程度最高；在1 454种工业用品类进口中间品中，951种进口中间品的外国依赖指数在0.8以上，其中针叶木原木、冷杉和云杉原木、重水（氧化氘）、钨矿砂及其精矿、松木（松属）原木等进口中间品的外国依赖程度最高。

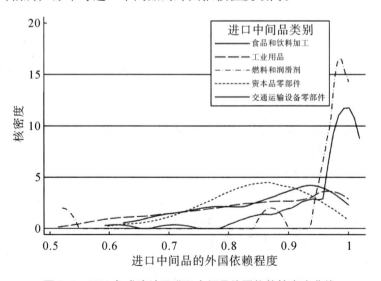

图3-1 2021年成渝地区进口中间品外国依赖核密度曲线

成渝地区大部分进口资本品的外国依赖程度较高。按照进口资本品的两个大类，本书对各类进口资本品外国依赖程度的核密度进行分析，如图3-2所示。从总体来看，所有进口资本品的外国依赖指数均在0.5以上，进口资本品的外国依赖程度相对较高。具体到产品层面，在438种机械设备与其他进口资本品类中，270种进口资本品的外国依赖指数在0.8以上，其中航空或航天导航仪器及装置（罗盘除外）、医用射线应用设备、制造半导体器件或集成电路用的机器及装置、装有接收装置的发送设备等进口资本品的外国依赖程度最高；在8种工业用运输设备进口资本品中，除非机械驱动车辆、集装箱2种资本品外，直升机、非公路用货运自卸车等其他进口资本品的外国依赖指数均在0.8以上。

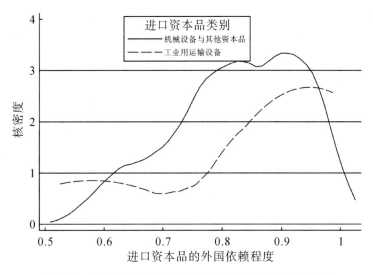

图 3-2　2021 年成渝地区进口资本品外国依赖核密度曲线

（四）进口中间品和进口资本品的外国供应多元化程度

本书利用国务院发展研究中心信息网统计数据库中的世界产品贸易数据，对成渝地区进口中间品和进口资本品的世界各国供应情况进行分析，可以得到成渝地区进口中间品和进口资本品的外国供应多元化程度，以赫芬达尔—赫希曼指数（Herfindahl-Hirschman Index，HHI）表示，即 $D_{ck} = \sum_{j=1}^{N} \left(X_{jc} \middle/ \sum_{i=1}^{N} X_{ic} \right)^{2}$。其中，$X_{jc}$ 表示外国 j 在国际市场上出口的中间品或资本品，$\sum_{i=1}^{N} X_{ic}$ 表示将各国出口的中间品或资本品加总，即国际市场上出口中间品或出口资本品的总量。

　　成渝地区食品和饮料加工、燃料和润滑剂、工业用品类部分进口中间品的外国供应多元化程度较低。本书按照进口中间品的五个大类，对各类进口中间品 HHI 指数的核密度进行分析，如图 3-3 所示。从总体来看，交通运输设备零部件、资本品零部件，以及工业用品类进口中间品的 HHI 分布较为集中，主要集中在 0~0.2；食品和饮料加工、燃料和润滑剂类进口中间品的 HHI 分布较为平缓。具体到产品层面，本书将 HHI 大于 0.5 的进口中间品视为外国供应多元化程度较低的产品。在 50 种食品和饮料加工类进口中间品中，大豆粉、初榨的椰子油、其他食用高粱、其他棕榈油及其分离品、冻整头及半头绵羊肉、其他甘蔗糖、初榨的葵花油及红花油、珍粉及淀粉制成的珍粉代用品 8 种进口中间品的 HHI 指数超过 0.5，此类产品的外国供应多元化程度较低；在 13 种燃料和润滑剂类进口中间品中，液化丙烷、烟煤 2 种进口中间品的 HHI 指数超过 0.5，此类产品的外国供应多元化程度较低；84 种交通运输设备零部件类进口中间品中，除涡轮螺桨发动机外，其他产品的 HHI 指数均低于 0.5；在 232 种资本品零部件类进口中间品中，只有照相闪光灯装置 1 种进口中间品的 HHI 指数超过 0.5，此产品的外国供应多元化程度较低；在 1 454 种工业用品类进口中间品中，砂岩、锻轧铍及铍制品、银矿砂及其精矿、耐火黏土等 61 种产品的 HHI 指数超过 0.5，此类产品的外国供应多元化程度较低。

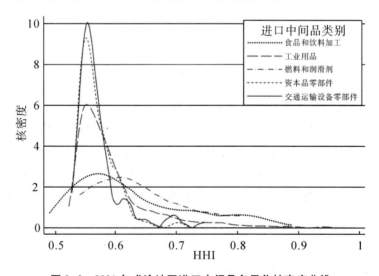

图 3-3　2021 年成渝地区进口中间品多元化核密度曲线

成渝地区立体显微镜、制造平板显示器用机器及装置等机械设备类资本品的外国供应多元化程度较低。本书按照进口资本品的两个大类，分析各类中间品 HHI 指数的核密度，如图 3-4 所示。从总体来看，机械设备与其他资本品、工业用运输设备类进口资本品的 HHI 分布较为集中，主要集中在 0~0.3。具体到产品层面，本书将 HHI 大于 0.5 的进口资本品视为外国供应多元化程度较低的产品。在 438 种机械设备与其他进口资本品中，立体显微镜、制造平板显示器用的机器及装置 2 种进口资本品的 HHI 指数超过 0.5，此类产品的外国供应多元化程度较低；在 8 种工业用运输设备类进口资本品中，所有进口资本品的 HHI 均低于 0.5，产品的外国供应多元化程度相对较高。

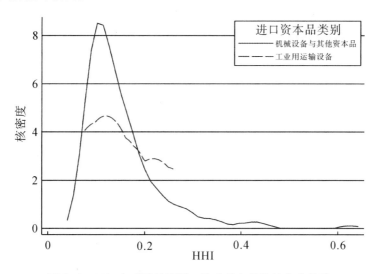

图 3-4　2021 年成渝地区进口资本品多元化核密度曲线

（五）政治关系和外国供应的中断能力

结合政治维度分析，成渝地区面临较高供应中断风险的进口中间品主要集中在工业用品领域，进口资本品主要集中在机械设备与其他资本品领域。根据上述分析结果，成渝地区进口的外国依赖程度较高，且外国供应多元化程度较低的进口中间品和进口资本品共 75 种，其中食品和饮料加工、燃料和润滑剂、工业用品类进口中间品共 73 种，机械设备类进口资本品共 2 种。若要进一步确定面临较高供应中断风险的产品，还需要考虑政治维度的政治关系和外国供应的中断能力两个因素。通过对这些进口中间品和进口资本品在国际市场上的主要供应国家和地区进行分析，本书得到供应中断风险较高的进口中间品和进口资本品共 51 种（如表 3-6 所示），主要包括食品和饮料加工类的大豆粉、食用高粱，燃料和润滑剂类的液化丙烷、烟煤，交通运输设备零部件类的涡轮螺桨发动机（P≤1 100 kw），工业用品类的磷、镍锍、锑矿砂及其精矿、锻轧铍及铍制品等进口中间品，以及机械设备与其他资本品类的制造平板显示器用机器及装置、立体显微镜等进口资本品。这些进口中间品和进口资本品在国际市场上主要由美国、澳大利亚、加拿大、日本、德国、印度等与我国政治关系稳定性不高且供应中断能力较强的国家和地区提供。成渝地区此类进口中间品和进口资本品所面临的供应中断风险较高。

此外，较高的外国供应多元化程度也并不意味着较低的供应中断风险。外国供应的多元化程度较高反映了国际市场上进口中间品和进口资本品的供应国家和地区较为分散，若这些国家和地区与我国政治关系稳定性较差，成渝地区也将面临较高的供应中断风险。通过对成渝地区进口的外国依赖程度较高且外国供应多元化程度也较高的进口中间品和进口资本品进行分析，本书得到供应中断风险较高的进口中间品和进口资本品共 19 种（如表 3-7 所示），主要包括食品和饮料加工类的大豆、大麦，燃料和润滑剂类的液化丁烷、液化天然气，交通运输设备零部件类的机动车辆用变速箱、涡轮喷气发动机或涡轮螺桨发动机的零件，资本品零部件类的专用于制造半导体单晶柱或晶圆的零件，工业用品类的处理器及控制器、集成电路等进口中间品，以及机械设备与其他资本品类的制造半导体器件或集成电路用的机器及装置、数控刃磨机床等进口资本品。这些进口中间品和进口资本品在国际市场上主要由美国、英国、法国、日本、德国等国家和中国台湾等地区供应①。成渝地区此类进口中间品和进口资本品面临的供应中断风险较高。

---

① 涡轮喷气发动机（推力>25kN）、处理器及控制器、集成电路等进口中间品和进口资本品在国际市场的主要供应方包括马来西亚、菲律宾等国家和中国香港等地区，主要是因为中国香港是世界重要的转口贸易中心，以及美国的英特尔和德州仪器公司（TI）、日本的瑞萨科技等半导体跨国公司在马来西亚、菲律宾等国家建有工厂。因此，这些产品在国际市场上的实际供应方和控制者仍然是美国、日本等发达国家。

表 3-6 成渝地区进口的外国依赖程度较高但外国供应多元化程度较低的
中间品和资本品

进口中间品/进口资本品类别	产品	国际市场上的主要供应国家和地区	政治维度风险
食品和饮料加工	大豆粉	美国（83.8%）、意大利（5.1%）、玻利维亚（3.2%）	高
	初榨的椰子油	菲律宾（81.3%）、斯里兰卡（6.8%）、荷兰（3.0%）	低
	其他食用高粱	美国（77.3%）、澳大利亚（18.0%）	高
	其他棕榈油及其分离品	马来西亚（76.8%）、荷兰（8.1%）、德国（3.0%）	低
	冻整头及半头绵羊肉	新西兰（74.2%）、澳大利亚（15.0%）、西班牙（5.3%）	低
	其他甘蔗糖，未加香料或着色剂	巴西（74.4%）、印度（12.5%）	低
	初榨的葵花油、红花油	乌克兰（73.1%）、荷兰（7.4%）、匈牙利（4.1%）	低
	珍粉及淀粉制成的珍粉代用品	中国台湾（72.4%）、印度（6.1%）、荷兰（5.4%）	高
燃料和润滑剂	液化丙烷	美国（77.4%）、加拿大（11.8%）	高
	烟煤	澳大利亚（73.0%）、美国（14.8%）、加拿大（9.5%）	高
交通运输设备零部件	涡轮螺桨发动机，P≤1 100kw	加拿大（69.1%）、德国（8.6%）、美国（5.5%）	高
资本品零部件	其他照相闪光灯装置	中国香港（87.6%）、美国（3.4%）	低
工业用品	一氯代乙酸、二氯乙酸或三氯乙酸及其盐和酯	德国（81.2%）、印度（9.6%）、日本（6.5%）	高
	丁腈橡胶胶乳	中国台湾（70.2%）、马来西亚（24.2%）	高
	不锈钢制钻探石油或天然气用无缝套管、导管	日本（72.2%）、法国（6.6%）、德国（6.5%）、英国（3.8%）	高

表3-6（续）

进口中间品/进口资本品类别	产品	国际市场上的主要供应国家和地区	政治维度风险
工业用品	任何浓度的改性乙醇及其他酒精	美国（74.7%）、荷兰（4.1%）、法国（3.8%）、西班牙（3.2%）	高
	其他四硼酸钠	美国（81.7%）、马来西亚（3.0%）、德国（2.3%）	高
	其他拉制或吹制的玻璃板、片	日本（68.6%）、美国（16.3%）、德国（4.8%）、瑞士（4.2%）	高
	其他无齿孔卷片，宽≤105mm	美国（78.3%）、法国（8.3%）、波兰（4.3%）	高
	其他有机化合物	印度（70.1%）、美国（7.9%）、意大利（3.6%）、中国台湾（3.2%）	高
	其他木制类似板（例如，华夫板）	厄瓜多尔（78.8%）、德国（5.9%）、美国（3.4%）、加拿大（3.2%）	低
	其他涂布高岭土或其他无机物质的牛皮纸及纸板	美国（72.4%）、中国台湾（14.5%）、荷兰（5.0%）	高
	其他漂白棉布，平米重>200g	巴基斯坦（70.7%）、意大利（8.7%）、法国（5.9%）、西班牙（4.7%）	低
	其他石棉	巴西（98.3%）、印度（1.5%）	低
	其他硬片及平面软片	日本（73.7%）、马来西亚（9.4%）、中国台湾（4.2%）	高
	其他金属酸盐及过金属酸盐	日本（87.9%）、美国（2.6%）、德国（1.9%）	高
	其他针叶木木材，经纵锯、纵切、刨切或旋切,厚>6mm	加拿大（88.6%）、美国（2.2%）、德国（1.8%）	高
	其他铸制或轧制的非夹丝的玻璃板、片	中国香港（85.5%）、德国（3.9%）、法国（3.4%）	低
	初级形状的未塑化醋酸纤维素	美国（94.2%）、中国香港（2.1%）	高
	半漂白或漂白的针叶木亚硫酸盐木浆	加拿大（83.6%）、德国（6.6%）、奥地利（3.4%）、美国（3.2%）	高

表3-6(续)

进口中间品/进口资本品类别	产品	国际市场上的主要供应国家和地区	政治维度风险
工业用品	原状云母及劈开的云母片	印度（71.3%）、巴西（13.7%）、西班牙（6.5%）、日本（3.0%）	高
	已加工的板岩及板岩或粘聚板岩的制品	西班牙（73.1%）、巴西（9.6%）、印度（3.8%）、加拿大（2.4%）	低
	已煅烧石油焦	美国（69.8%）、巴西（8.6%）、荷兰（6.2%）、德国（5.3%）	高
	成张未涂布纸，机械浆>10%，≤435mm×297mm	德国（71.8%）、印度（7.3%）、美国（7.0%）、加拿大（3.0%）	高
	有衬背铜合金箔，厚（衬背除外）≤0.15mm	日本（94.8%）、中国香港（2.0%）	高
	未漂白的针叶木亚硫酸盐木浆	加拿大（71.1%）、美国（27.3%）	高
	未烧结的铁矿砂及其精矿，焙烧黄铁矿除外	澳大利亚（66.7%）、巴西（23.6%）、加拿大（3.1%）	高
	未煅烧石油焦	美国（70.6%）、西班牙（6.9%）、荷兰（3.8%）、加拿大（3.7%）	高
	松木（松属）原木，截面尺寸≥15cm	新西兰（71.2%）、美国（13.6%）	低
	松木（松属）原木，截面尺寸<15cm	新西兰（77.5%）、澳大利亚（6.2%）、巴西（3.8%）	低
	棉≥85%未漂平纹布，平米重≤100g	印度（77.1%）、巴基斯坦（4.1%）、意大利（2.9%）	高
	棉≥85%，125分特≤细度<192.31分特精梳单纱	印度（77.1%）、土耳其（7.4%）、乌兹别克斯坦（6.3%）	高
	椰子或干椰肉的油渣饼及其他固体残渣	菲律宾（84.8%）、斯里兰卡（9.9%）	低
	樱桃木木材，经纵锯、纵切、刨切或旋切，厚>6mm	美国（89.4%）、加拿大（6.5%）	高
	氧化镍烧结物及镍冶炼的其他中间产品	菲律宾（71.2%）、土耳其（12.4%）、加拿大（10.4%）	低

表3-6(续)

进口中间品/进口资本品类别	产品	国际市场上的主要供应国家和地区	政治维度风险
工业用品	氨基羟基萘磺酸及其盐	印度（93.7%）、埃及（1.6%）	高
	沥青页岩、油页岩及焦油砂	西班牙（72.1%）、马来西亚（14.7%）、葡萄牙（7.9%）	低
	涂布无机物漂白牛皮纸，重>150g，木纤维≥95%	美国（84.1%）、荷兰（6.0%）、意大利（3.2%）	高
	漆皮及层压漆皮；镀金属皮革	意大利（85.2%）、中国香港（3.1%）	高
	烟胶片	缅甸（74.0%）、法国（7.4%）、比利时（5.2%）、美国（2.7%）	低
	用锯或其他方法切割成矩形的大理石及石灰华	土耳其（70.9%）、意大利（11.4%）、葡萄牙（3.4%）	低
	皮质甾类激素的卤化衍生物	英国（76.6%）、意大利（8.5%）、法国（2.6%）、瑞士（2.3%）	高
	石棉纸、麻丝板及毡子	意大利（77.1%）、印度（13.4%）、波兰（2.6%）	高
	砂岩	印度（86.9%）、西班牙（3.6%）、比利时（2.6%）	高
	硫化橡胶线及绳	马来西亚（74.3%）、印度（6.4%）、美国（3.0%）、英国（2.8%）	低
	磷	美国（78.9%）、日本（10.9%）、印度（6.8%）	高
	稀土金属、钪及钇	日本（75.4%）、美国（7.4%）、中国香港（4.6%）、英国（4.6%）	高
	耐火黏土	乌克兰（80.9%）、美国（15.1%）	低
	聚丙烯腈及其变性短纤，未梳及未经纺前加工	日本（70.8%）、葡萄牙（9.2%）、马来西亚（4.4%）、美国（3.8%）	高
	苯胺衍生物及其盐	印度（81.5%）、日本（4.8%）、德国（4.4%）	高

表3-6（续）

进口中间品/进口资本品类别	产品	国际市场上的主要供应国家和地区	政治维度风险
工业用品	荆树皮浸膏	巴西（73.0%）、坦桑尼亚（7.3%）、土耳其（3.5%）	低
	醋酸纤维素非泡沫塑料板、片、膜、箔及扁条	日本（82.3%）、中国台湾（5.9%）、中国香港（4.2%）	高
	重水（氧化氘）	加拿大（79.8%）、美国（10.8%）、德国（2.8%）	高
	钼粉	德国（73.4%）、美国（16.1%）、西班牙（2.7%）	高
	银矿砂及其精矿	玻利维亚（78.1%）、荷兰（12.8%）、加拿大（3.8%）	低
	锂的碳酸盐	智利（83.0%）、荷兰（5.1%）、德国（2.4%）、比利时（2.4%）	低
	锑矿砂及其精矿	澳大利亚（73.7%）、土耳其（13.4%）、玻利维亚（6.5%）	高
	锻轧铍及铍制品	美国（93.6%）、英国（1.9%）	高
	镍锍	加拿大（69.1%）、芬兰（23.5%）	高
	黄麻及其他纺织用韧皮纤维多股纱或缆线	印度（78.2%）、土耳其（4.4%）、德国（4.2%）、比利时（3.4%）	高
	黄麻及其他纺织用韧皮纤维的单纱	土耳其（71.1%）、印度（9.5%）、比利时（5.5%）、德国（4.3%）	低
	黄麻及其他纺织韧皮纤维未漂布	印度（88.6%）、德国（3.7%）、荷兰（2.7%）	高
	黄麻的韧皮纺织纤维制货物包装用袋	印度（75.1%）、巴基斯坦（4.1%）、荷兰（4.0%）、萨尔瓦多（2.6%）	高
机械设备与其他资本品	制造平板显示器用机器及装置	日本（76.6%）、中国台湾（19.0%）	高
	立体显微镜	德国（78.5%）、中国香港（9.9%）、美国（3.0%）	高

数据来源：根据国务院发展研究中心信息网统计数据库相关数据整理。

表 3-7　成渝地区进口的外国供应多元化程度较高但供应中断风险较高的
中间品和资本品

进口中间品/进口资本品类别	产品	国际市场上的主要供应国家和地区	政治维度风险
食品和饮料加工	大豆	巴西（52.6%）、美国（37.3%）、巴拉圭（4.0%）	高
	大麦	澳大利亚（23.3%）、法国（19.5%）、乌克兰（13.9%）、加拿大（10.9%）	高
燃料和润滑剂	液化丁烷	美国（60.1%）、澳大利亚（7.9%）、英国（6.4%）、加拿大（5.3%）	高
	液化天然气	澳大利亚（47.1%）、美国（34.1%）、马来西亚（11.2%）	高
	矿物油<70%的润滑剂	德国（27.9%）、法国（15.6%）、美国（13.4%）	高
	不含石油或从沥青矿物提取油类的润滑剂	美国（24.4%）、德国（21.8%）、日本（14.0%）、荷兰（6.7%）	高
交通运输设备零部件	机动车辆用变速箱	德国（27.8%）、日本（27.8%）、美国（10.6%）、墨西哥（7.1%）	高
	涡轮喷气发动机或涡轮螺桨发动机的零件	英国（26.6%）、法国（12.9%）、日本（7.6%）、美国（6.2%）、波兰（6.1%）	高
	推力>25kN的涡轮喷气发动机	英国（32.5%）、法国（20.5%）、中国香港（20.1%）、德国（6.0%）	高
资本品零部件	专用于制造半导体单晶柱或晶圆的零件	美国（31.1%）、日本（26.7%）、芬兰（15.6%）	高
工业用品	处理器及控制器	中国香港（35.7%）、美国（16.5%）、马来西亚（15.8%）、中国台湾（7.8%）、菲律宾（7.2%）	高
	其他集成电路	中国台湾（44.3%）、中国香港（29.7%）、马来西亚（5.8%）、美国（5.2%）、日本（4.5%）	高

表3-7（续）

进口中间品/进口资本品类别	产品	国际市场上的主要供应国家和地区	政治维度风险
机械设备与其他资本品	制造半导体器件或集成电路用的机器及装置	日本（31.0%）、美国（30.5%）、荷兰（27.3%）	高
	制半导体器件时检验用光学仪器及器具	日本（37.8%）、美国（22.7%）、以色列（19.3%）、德国（5.2%）	高
	测试或检验半导体晶片或元器件用仪器及装置	日本（26.9%）、马来西亚（20.7%）、美国（18.2%）	高
	数控刃磨机床	德国（30.2%）、日本（20.9%）、瑞士（17.2%）	高
	切齿机、齿轮磨床或齿轮精加工机床	德国（59.3%）、日本（15.6%）、瑞士（15.1%）、美国（5.4%）	高
	用磨石、磨料等对金属进行精加工的机床	瑞士（30.7%）、德国（14.5%）、日本（11.7%）	高
	用激光处理各种材料的加工机床	日本（26.2%）、德国（23.4%）、瑞士（14.6%）、意大利（8.1%）	高

数据来源：根据国务院发展研究中心信息网统计数据库相关数据整理。

（六）出口的外国依赖

成渝地区的出口市场主要集中在欧盟、美国、东盟、南亚、日本、韩国等国家和地区，对欧盟、美国等国际市场的依赖程度较高。2021年，成渝地区与欧盟、美国、东盟的出口额分别占出口总额的21.6%、21.2%、16.5%，与南亚、日本、韩国的出口额分别占出口总额的4.6%、3.2%、2.7%。从出口结构来看，成渝地区的出口主要集中在电子信息、电气机械、通用设备制造、化学原料及化学制品、汽车制造等行业，其中对电子信息行业的出口占比最高，达65.4%；电子信息产业中重要的笔记本电脑产品主要出口到美国、德国、荷兰、印度、日本等国家和地区。从对重点国家和地区的出口来看，成渝地区对美国、欧盟的电子信息行业出口额分别占对该国和地区出口总额的79.6%、68.8%。受全球市场需求疲软、美国对我国加征进口商品关税等因素影响，成渝地区的出口尤其是电子信息产品的出口面临较大压力。部分出口企业反映，国外客户购买力下降，国际市场竞争激烈，订单获取难度增大，面临一定的出口受阻风险。2021年成渝地区的出口结构见图3-5。

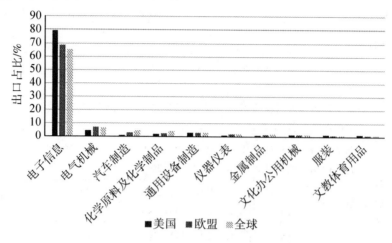

图 3-5　2021 年成渝地区的出口结构

（七）产业链的备份能力

成渝地区产业门类齐全，但产业结构仍以劳动密集型产业、传统产业为主，在全球价值链分工中多处于中低端环节，技术密集型产业、高技术产业的比重较低，高端制造领域的研发、设计、核心组件等产业链关键环节短板较多。因此，成渝地区在加工、组装等劳动密集型产业链或环节具备一定的备份能力，在对外部依赖程度较高的重要能源和矿产资源、工业用原材料，以及高端制造领域中研发、制造等产业链核心环节的备份能力较弱。例如，成渝地区电子信息产业规模虽较大，但以加工组装为主，研发和销售均不在成渝地区。从集成电路来看，目前集成电路企业70%以上集中在技术门槛低、轻资产投入的设计环节以及工艺水平较低的功率器件、后端封装测试领域，先进制程芯片、原材料企业发育不足，计算机和服务器通用处理器领域中有95%的高端专用芯片、70%以上的智能终端处理器以及绝大多数存储芯片不具备本地研发与生产能力。此外，成渝地区高端装备生产以组装集成为主，制造、研发核心环节很少在本地进行，面临基础性零部件精度低、材料达不到技术要求等制约，不具备智能测控装备、制造半导体或集成电路用的机器、数控机床、航空器装备等重大成套设备的生产能力；新材料上游环节、生产工艺中高纯度高精度辅材主要依靠外购；生物医药以仿制药为主，中药材多为简单粗加工，研发环节较为薄弱，自主创新产品较少。

（八）产业链或部分环节的外迁

近年来，成渝地区原材料、用工、用电、税费等多种生产成本逐渐上升，钢、铜、铝、煤以及绝大多数化工品同比涨幅均在30%，橡胶以及钯、铑等贵金属普遍大幅上涨，车用芯片价格上涨5~10倍，制造成本优势逐步弱化，叠加中美大国博弈等地缘政治因素影响，部分产业链或环节出现向外转移的趋势。例如，重庆广达电脑以及四川纬创等企业为寻求更加低廉的劳工成本和优惠的土地及关税政策，已明确表示要将产能转移到越南、印度尼西亚等国。其中，重庆广达电脑公司笔记本电脑年产量约4 500万台，约占重庆全市笔记本电脑年产量的60%，产值约1 600亿元，约占重庆全市电子信息产值的20%，其外迁将对重庆电子信息产业发展带来较大影响，还会导致部分上下游本地配套企业跟随外迁。此外，以美国为首的西方发达国家为保持科技竞争优势、控制国际竞争的制高点，对我国进行科技围堵，打压国内高科技产业发展，重庆奥普泰通信、成都海威华芯、四川航特航空设备等多家成渝地区企业进入美国的受禁实体清单，增大了部分民营企业为规避制裁而外迁的压力。

第二节　电子信息产业链案例分析

一、成渝地区电子信息产业发展现状

电子信息产业是成渝地区第一支柱产业，已基本形成笔记本电脑、手机、新型显示、集成电路等信息产业集群，其中重庆在笔记本电脑、手机等细分领域已经具有较强的全球性影响力和竞争力，四川在集成电路封装测试、软件等细分领域具有相对优势。2020年，重庆规模以上电子信息制造业企业共639家，实现总产值6 440亿元，产值占全市工业的比重达到28.4%。其中：计算机整机及配套产业占比为47.4%，手机及配套产业占比为18%，电子核心部件、家电、机电、智能仪表等其他电子制造产业合计占比为34.6%；四川电子信息产业规模突破1.2万亿元，其中成都市电子信息产业规模占全省的80%以上，是四川省电子信息产业最重要的集聚区域。

重庆通过实施笔电基地项目，引进惠普、宏碁、华硕等品牌商和富士康、达丰、仁宝、纬创等代工企业，以及群光、新普、中光电等配套商，

快速构建笔记本电脑产业链群，生产笔记本电脑达 6 422.3 万台，连续
6 年成为全球最大的笔记本电脑生产基地，产量约占全球总产量的 40%；
依托笔记本电脑生产体系，承接智能手表等可穿戴设备订单，并引进
OPPO、vivo 等手机企业，培育壮大智能终端链群，生产手机达 1.74 亿台
（智能手机达 9 878 万台），手机产业产值首次突破千亿元，产量约占全球
总产量的 1/10，规模以上手机企业达 37 家，初步形成"整机+配套"以及
"生产+检测+供应链服务"的产业体系，智能手表产量增长 1.5 倍；聚焦
笔记本电脑、手机等需求，引进 SK 海力士、京东方等企业，培育集成电
路、新型显示等产业链群，促使电子核心器件发展取得新进展，电子元件
产量增长 20.6%，集成电路芯片设计—晶圆制造—封装测试—原材料配套
产业链进一步完善，新型显示玻璃基板—显示面板—显示模组产业链进一
步壮大，超高清视频产业快速发展。

在集成电路领域，四川聚集紫光集团、中电科、华为、英特尔、德州
仪器、展讯等国内外知名集成电路领军企业，建成集 IC 设计、晶圆制造、
封装测试材料设备于一体较为完整的产业链。在新型显示领域，四川以成
都、绵阳、眉山为核心，引进行业重点企业，打造新型显示产业集群；成
都京东方 6 代 AMOLED 生产线、中国电子 8.6 代液晶面板等重点项目已陆
续投产；绵阳以长虹、京东方、惠科等企业为龙头，引进关联配套企业，
构建"千亿级"面板产业集群，打造西部"面板之都"；眉山通过积极招
引 Micro LED、传感器芯片、智能终端等重大项目，推进上游材料加快发
展、关键环节集聚成链，形成以信利（仁寿）、苏州晶瑞化学、韩国东进
为代表的新型显示产业集群。

重庆和四川的电子信息产业主要企业分别见表 3-8 和表 3-9。

表 3-8　重庆电子信息产业主要企业

产业	研发环节	制造环节
笔记本电脑	惠普、宏碁研发中心、宏碁重庆研发中心、富士康光机电前沿研发中心等	"5＋6＋860"，即 HP、Acer、Asus、Fujitsu、cisco 五大品牌商，广达、仁宝、纬创、英业达、富士康、和硕全球前六大 ODM 厂，华科、群光、新普、展运等 800 多家配套企业
手机、智能穿戴	鹏亿南联研发企业	①手机：vivo、OPPO、百立丰、乐视等 200 多家手机整机及配套企业。②智能穿戴：重庆是苹果手表全球重要生产基地，主要代工企业有翊宝、达功

表3-8(续)

产业	研发环节	制造环节
集成电路	①中国电子科技集团第24所、第26所、第44所。 ②重庆西南集成电路专业公司以及神州龙芯、四联微电子、重邮信科等多家集成电路设计企业。 ③引进ARM公司,将建芯片设计学院、设立风险投资基金、支持芯片企业	①美国AOS、奥地利AT&S、韩国SK海力士、华润微电子等企业。 ②已有集成电路企业45家,全国排名第13位
新型显示	—	①原材料方面(上游):康宁、东进世美肯、住化电子、液化空气、乐金化学等玻璃基板、偏光片、蚀刻液、玻璃液、有机膜、大宗气体等核心原材料配套企业10余家。 ②显示面板方面(中游):京东方8.5代液晶面板生产线、惠科8.6代液晶面板生产线。 ③模组整机(下游):莱宝、联创、中光电、惠科金扬、京东方智慧电子等一批模组整机生产企业20余家,全国排名第5位

表3-9 四川电子信息产业主要企业

细分产业	龙头企业	重大项目
集成电路	紫光集团、中电子、中电科、华为、格罗方德、英特尔、德州仪器、展讯	第二大晶圆代工厂格罗方德在四川投资布局格芯12英寸晶圆项目,建设全球首条22nmFD-SOI先进工艺12英寸晶圆代工生产线
新型显示	京东方、中电熊猫、信利、天马	京东方6代AMOLED生产线、中国电子8.6代液晶面板、全球最大产能的第5代TFT车载显示屏生产线在眉山建设
信息安全	中国网安、成都国恒、博全	眉山大数据产业园、"西南云海"大数据产业园、内江大数据中心、成都国家信息安全成果产业化基地、中国科学城绵阳信息安全产业基地、中国航天西南地区卫星应用产业基地
5G	中国移动、电信、联通、佰才邦、中国铁塔	中国移动全球5G精品网络项目、中国电信5G、示范区项目、中国联通5G产业创新平台项目、中国铁塔5G通信网络建设项目、北京佰才邦5G、行业创新中心

表3-9(续)

细分产业	龙头企业	重大项目
大数据	腾讯科技、亚信、新华三、长虹、浪潮	—
人工智能	川大智胜、阿泰因、普什	新川国际 AI 中心、菁蓉人工智能小镇、天府新区规划 5 平方千米"无人机智能制造产业园"

二、成渝地区集成电路产业链环节分析

(一)集成电路产业链主要环节

在电子信息产业中,半导体产业规模约占 1/3。作为具备关键技术的高科技产业,半导体产业具有高技术壁垒、资金壁垒、人才壁垒的特性,是电子信息产业的基石和命脉,能够为其他产业的发展提供关键部件和技术支持,成为支撑经济社会发展和保障国家安全的战略性产业。欧美日韩等发达国家半导体行业起步较早,技术积累雄厚,供应链成熟,成为全球半导体产业发展的主导力量。当前我国半导体产业处于加速发展阶段,但国内半导体产业仍面临着国产化率低下、产业长期支持和投入的力度不足、企业自主创新能力薄弱等问题,半导体产业成为西方发达国家实施技术封锁和关键设备管控的重点领域。半导体产业主要包括集成电路(integrated circuit, IC)和分立器件两大类,各分支包含的种类繁多且应用广泛。半导体产业链可以划分为上游支撑产业、中游制造产业和下游终端应用三大环节(见图 3-6)。集成电路是半导体产业的核心,占整个半导体行业规模的 80% 以上。集成电路应用领域几乎覆盖所有的电子设备,是移动通信、人工智能、消费电子、新能源和航空航天等诸多产业发展的基础,是现代工业的生命线,也是改造和提升传统产业的核心技术。集成电路按照功能和结构的不同,可以分为模拟集成电路、数字集成电路和数模混合集成电路。

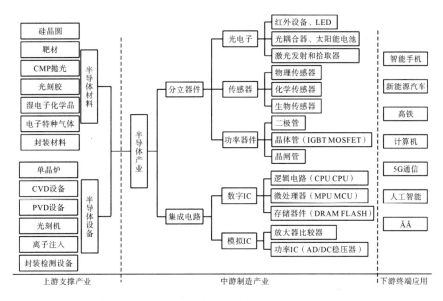

图 3-6　半导体产业链环节

集成电路的生产制造是全球供应链中高度复杂且相互依存的环节。集成电路（IC）产业链主要包括设计、制造、封测三大环节和半导体材料、半导体设备两大支柱产业。由于设计环节的技术壁垒较高，制造环节对生产的工艺要求较高，且涉及半导体材料、半导体设备生产等多个价值增值过程，封装测试环节对技术的要求相对较低，因而本书将设计环节作为产业链的核心环节，将制造、封测环节分别作为产业链的主导、配套环节。IC 设计环节涉及工具软件、设计企业，IC 制造环节涉及制造厂、制造设备、材料与辅料，IC 封测环节涉及封测企业、封测设备、辅材等。具体来说，可以细分为以下流程：IC 设计是将系统、逻辑与性能的设计要求转化为具体的物理版图的过程，依序可分为规格制定→逻辑设计→电路布局→布局后模拟→光罩制作。其中，电路布局是指将逻辑设计图转化成电路图；布局后模拟是指经由软件测试，判断是否符合规格制定要求；光罩制作是指将电路制作成光罩。IC 制造是将光罩上的电路图转移到晶圆上。IC 制造流程较为复杂，主要步骤包括薄膜制备→光刻→显影→蚀刻→光阻去除。其中，薄膜制备是指在晶圆片表面上形成数层材质、厚度不同的薄膜；光刻是指将掩膜板上的图形复制到硅片上，其成本约为整个硅片制造工艺的 1/3，耗费时间占整个硅片工艺的 40%～60%。IC 封测是集成电路进入销售前的最后一个环节，利用特定材料、工艺技术对集成电路进行安放、固定、密封，并将集成电路上的接点连接到封装外壳上，实现内部功能的外部延伸，封装完成后，需要进行性能测试，以确保封装的集成电路符合性能要求。从总体上看，集成电路的生产制造对技术需求相对较低，其流程主要为切割→黏贴→切割焊接→模封。集成电路产业链环节见图 3-7。

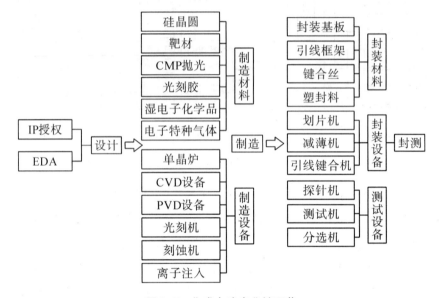

图 3-7　集成电路产业链环节

集成电路里的产品种类较多，从技术复杂度和应用广度来看，集成电路主要可以分为高端通用和专用两大类（见图 3-8）。高端通用集成电路的技术复杂度高、标准统一、通用性较强，具有量大面广的特征，主要包括处理器、存储器、AD/DA（模数/数模转换）以及 FPGA（现场可编程门阵列）等。专用集成电路是针对特定系统需求设计的集成电路，每种专用集成电路都属于一类细分市场，通用性较弱。例如，通信设备往往需要高频大容量数据交换芯片等专用芯片，汽车电子则需要视觉传感和图像处理芯片、辅助驾驶系统芯片，以及未来的无人驾驶芯片等专用芯片。

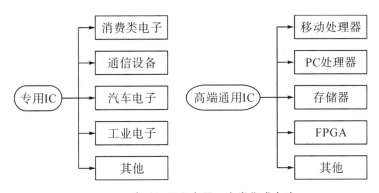

图 3-8　高端通用和专用两大类集成电路

集成电路产业链上游主要包括电子设计自动化（electronic design automation，EDA）、技术服务、半导体材料、半导体设备四个方面。在集成电路产业链中，上游产业链发挥着其特有的产业支撑作用，是集成电路产业的底层基础。一是 EDA 方面。EDA 是指利用计算机软件完成大规模集成电路设计、仿真、验证等流程的设计方式。EDA 软件是集成电路领域的上游基础工具，贯穿于集成电路设计、制造、封测等环节，是集成电路产业的战略基础支柱之一。按照集成电路产业链划分，集成电路 EDA 工具可以分为制造类 EDA 工具、设计类 EDA 工具和封测类 EDA 工具。晶圆厂借助器件建模及仿真、良率分析等制造类 EDA 工具来协助其进行工艺平台开发，工艺平台开发完成后，晶圆厂建立集成电路器件的模型并通过 PDK 或建立 IP（intellectual property）和标准单元库等方式提供给集成电路设计企业。设计类 EDA 工具则是基于晶圆厂或代工厂提供的 PDK 或 IP 及标准单元库为芯片设计厂商提供设计服务。封测类 EDA 工具主要是提供封装方案设计及仿真的功能，从而帮助芯片设计企业完成设计。二是技术服务方面。技术服务包括 IP 核（知识产权核）、电路分析、布图分析等。其中，IP 核是指在集成电路设计中通过验证、可重复使用、具有特定功能的宏模块。IP 可以移植到不同的半导体工艺中，设计企业无须对集成电路每个细节进行设计，可通过购买成熟可靠的 IP 方案以实现某个铁定功能，以缩短设计周期、节约设计成本，提升产品性能及可靠性。IP 核是支持产业链的上游关键环节。三是半导体材料方面。半导体材料可以分为制造材料和封装材料。其中，制造材料主要包括硅晶圆、靶材、光刻胶、CMP（化学机械抛光）材料、湿电子化学品、电子特种气体等；封装材料主要包括基板、引线框架、键合丝、塑料材料等。四是半导体设备方面。半导体设备包括制造设备和封测设备。其中，制造设备主要包括退火炉、光刻机、刻蚀机、离子注入机、薄膜沉淀设备、CMP 设备、清洗设备等；封测设备主要包括划片机、裂片机、引线键合机、测试机、探针机、分选机等。

（二）成渝地区集成电路产业链安全分析

1. 成渝地区集成电路产业链各环节基本情况

当前欧美等西方发达国家在软件及半导体制造设备上占据全球垄断地位，材料等则由日韩等国家的若干龙头企业把控，我国主要集中在集成电路的设计和中低端制造环节，与世界先进国家和地区相比仍有较大差距。当前，欧美日等发达国家和地区的 7nm 制程集成电路已经量产，5nm 制程技术已经取得突破；我国 28nm 制程技术已经成熟，14nm 制程集成电路实现大规模生产。其中，制程在 10nm 及以下的集成电路主要用来制造高端的智能手机和电子设备，介于 28nm 制程和 10nm 制程之间的集成电路是目前市场上的主流产品，绝大多数集成电路的主要制程都是 14nm，广泛应用于汽车、通信、智能化设备等绝大多数领域。

2022 年，成渝地区基本形成"芯片设计—晶圆制造—封装测试—原材料配套"全产业链条，成为集成电路生产力布局重点承载区域，其中功率半导体晶圆产能位居全国前列。目前，成渝地区集聚制造及封测企业百余家、设计企业千余家，建成国内首条 12 英寸电源管理芯片晶圆线，并成功发布国内首款硅基集成工艺包。其中，重庆制造及封测企业有 70 家、设计企业有 40 余家，成都制造及封测企业有 65 家、设计企业有 912 家。一是研发设计企业加速集聚。成渝地区拥有重庆声光电公司下属 24 所、26 所、44 所、西南集成电路和 ARM，以及四川的英特尔、紫光集团、展讯、杰华特、四川南山之桥微电子等企业，主要涉及功率、驱动、射频、通信、数据传输、物联网、微控制器等设计领域。二是集成电路生产制造能力不断提升。重庆拥有包括中国电科集团覆盖电荷耦合元件、模拟集成电路的两条 6 英寸芯片生产线，华润微电子公司 8 英寸功率及模拟芯片生产线，以及万国半导体公司 12 寸电源管理芯片生产线及封测线；四川布局第二大晶圆代工厂格罗方德 12 英寸晶圆项目，建设全球首条 22nm FD-SOI 先进工艺 12 英寸晶圆代工生产线。三是封装测试及原材料供给能力持续增强。这方面包括 SK 海力士公司在重庆建设其全球最大封装测试基地，以及四川的宇芯（成都）、四川和恩泰集成电路封装测试等企业；长川科技（四川）集成电路封装测试设备，超硅公司生产大尺寸集成电路用硅片，奥特斯公司生产半导体封装载板,集成电路基本材料钢、铜、铝、多晶硅实现成渝地区本地配套。从总体来看,成渝地区集成电路产业链较为完整,但产业发展的总体层次较低,集成电路设计、制造环节较为薄弱,缺少与世界领先龙头企业相匹敌的强集成能力。

2. 成渝地区集成电路产业链各环节安全分析

(1)设计环节方面。成渝地区研发设计能力总体偏弱,尚无具备完成大型系统级芯片设计能力的企业,高端芯片设计领域十分薄弱。同时,部分中端芯片设计能力仍然不足,如对于车规级芯片,存在车规认证周期长、依赖国外 IP、EDA 软件等问题,导致汽车芯片严重依赖进口。目前,EDA 软件、底层架构设计、IP 是制约成渝地区 IC 设计环节发展的主要短板,外部依赖程度较高,面临较高的安全风险。一是 EDA 软件方面。从全球范围来看,拥有完整的、全流程产品的 Synopsys、Cadence、Siemens EDA 具有明显的竞争优势,三者市场份额在 70% 以上,已垄断 EDA 市场。国产 EDA 仅能勉强满足 130nm/90nm 的 IC 设计,伴随 IC 制程的进步,国产 EDA 工具明显乏力,难以进行 22nm 之下的设计。此外,国产 EDA 还面临工具不全等问题,距离世界先进水平还有较大差距。二是底层架构设计方面。部分集成电路的底层架构目前还很难进行国产化。由于底层架构往往与操作系统绑定,英特尔的 CPU 和微软的 Windows 系统、安卓系统和 ARM 芯片以及苹果 CPU 与 iOS 系统等,部分集成电路设计领域已经由全球几家大型跨国公司垄断,其他企业只能依附于此底层构架进行再开发设计。例如,高通的骁龙 855 芯片使用的是 ARM 授权,高通在 ARM 上进行修改并重新命名为 Kryo,华为海思的麒麟 980 芯片同样购买 ARM 授权并进行小幅改动。三是 IP 方面。IP 是指在集成电路设计中,经过验证的、可重复使用且具备特定功能的集成电路模块,其内核可以许可给另一方,也可以由一个单独方拥有和使用,有助于降低集成电路开发难度、缩短开发周期、提升性能。以华为麒麟芯片为例,如果 ARM 发布下一代 IP 核,而不给华为公司新的 IP 授权,华为公司则需要在上一代 IP 授权的基础上进行独立开发,难度增大很多。目前,国内的 EDA、IP 龙头企业较少,成渝地区的御芯微、纳能微、IP Goal 等 IP 企业设计能力还有待提升,绝大部分芯片建立在国外 IP 构架之上。在美国等西方发达国家对我国 14nm 及以下制程 EDA 工具以及部分集成电路设计 IP 限制的背景下,成渝地区 IC 产业链面临较高的安全风险。

全球 EDA 软件竞争格局见表 3-10。

表 3-10　全球 EDA 软件竞争格局

第一梯队	第二梯队	第三梯队
Cadence	华大九天	概伦电子
Synopsys	Ansys	广立微
Siemens EDA	Keysight EEssof	——
市场份额 77.7%	市场份额 14.0%	市场份额 8.3%

（2）制造环节方面。集成电路制造环节的技术含量非常高，对生产设备、工艺水平、良品率等都有较高的要求。成渝地区集成电路制造环节中的短板主要涉及设备和材料两个方面，代工厂与设备制造商的设备国产化率非常低，制造环节的核心技术及产品市场受制于人。一是晶圆制造设备方面。由于坚实的技术壁垒和客户壁垒，集成电路制造设备的市场基本被美国、荷兰、日本等企业占领，少数几家国际企业占据全球 90% 以上的市场份额。例如，荷兰阿斯麦尔（ASML）在核心设备光刻机领域占据 75% 的市场份额，而在高端光刻机（EUV）领域几乎占据全部市场。国内晶圆制造设备龙头企业较少，且技术节点较为落后，大部分设备在 28nm 制程以上，缺乏 10nm 及以下先进制程设备。成渝地区目前尚无规模较大的晶圆制造设备企业。在美国等西方发达国家对我国半导体制造设备进口的限制从 10nm 制程扩大到 14nm 制程，以及国内半导体设备高度依赖进口的背景下，成渝地区晶圆制造环节面临更高的安全风险。二是半导体材料方面。国内企业在小尺寸硅片、CMP 材料、光刻胶、溅射靶材等领域已初有成效，但高端产品市场仍然被欧美日韩等少数国际大公司垄断。由于高端产品的技术壁垒较高，国内企业长期研发投入和积累不足，半导体材料多处于中低端领域。单晶硅和大量辅助材料的国产化水平不足，进口依赖程度较高，如在电子气体、抛光材料和光刻胶等典型辅助材料领域，国内企业的产品市场占有率仅分别为 30%、10%、10%。成渝地区半导体材料企业成长较为迅速，集聚了超硅半导体、时代立夫（成都）等企业，但仍然面临本地配套能力不足、进口依赖程度较高等问题，集成电路制造环节面临较高的安全风险。

2021 年全球前 20 大半导体设备企业见表 3-11。

表 3-11 2021 年全球前 20 大半导体设备企业

排名	企业名称	营业收入/亿美元	国家	主要设备类型
1	应用材料	230	美国	全流程设备
2	ASML	211	荷兰	光刻机
3	TEL	171	日本	全流程设备
4	Lam Research	165	美国	全流程设备
5	KLA	82	美国	半导体检测设备
6	泰瑞达	37	日本	ATE 测试设备
7	SCREEN	37	日本	涂胶显影、清洗设备
8	爱德万	35	日本	测试机、分拣机
9	SEMES	23	韩国	清洗、刻蚀、光刻
10	DISCO	21	日本	精密加工设备
11	Hitachi High-Tech	20	日本	干法刻蚀设备、CD-SEM 和缺陷检测
12	ASMI	20	荷兰	ALD、外延、PECVD、LPCVD
13	尼康	20	日本	光刻机
14	佳能	19	日本	光刻机
15	ASMPT	17	中国	半导体封装设备
16	K&S	17	日本	半导体封装设备
17	东京精密	11	日本	精密测量设备
18	北方华创	10	中国	刻蚀、沉积、清洗
19	Ebara	9	日本	CMP 设备
20	Cohu	9	美国	半导体检测设备

（3）封测环节方面。在集成电路三大环节中，封测环节是我国国产化程度最高的环节。近年来，国内封测龙头企业通过自主研发和并购重组，在先进封装领域逐渐缩小同国际先进企业的技术差距，部分封测企业在国际市场分工中已具备较强的竞争力。2021 年，我国通富微电、华天科技和长电科技三家企业入选全球营收前 10 封测厂商。成渝地区不断壮大封装测试产业规模，集聚了 SK 海力士、英特尔、芯源、宇芯（成都）、四川和恩泰等数十家封测企业，但仍以传统封装为主，多数封装测试企业产品主要

集中于中低端产品范围，在发展 BGA（球栅阵列封装）、WLP（晶圆级封装）、SIP（系统级封装）、3D 等高密度、先进封装技术工艺等方面仍然处于起步阶段。

第三节　汽车产业链案例分析

一、成渝地区汽车产业发展现状

汽车制造业是成渝地区工业大力发展的主导产业，产量占全国比重超过 9%。作为西部工业重镇，重庆的汽车制造业具有较强的先发优势。2020 年，重庆汽车制造业企业有 1 015 家，百亿元级企业有 4 家（长安汽车、长安福特、华晨鑫源、上汽依维柯），生产汽车达 158 万辆，实现营业收入 4 009.6 亿元，汽车制造业增加值占规模以上工业增加值的比重为 15%，是重庆工业的第二大支撑。四川汽车制造业经过多年发展，产业成链集聚规模发展成效显著。2020 年，四川汽车制造业企业有 568 家，百亿元级企业有 2 家（一汽丰田、中嘉），生产汽车达 71.3 万辆，实现营业收入 3 881.5 亿元，汽车制造业增加值占规模以上工业增加值的比重为 4.2%，是四川工业的重要支撑。近年来，成渝地区出台一系列促进新能源汽车、智能网联汽车制造业发展的指导意见和政策措施，助推汽车制造业的转型升级和创新发展。2020 年，重庆、四川分别生产新能源汽车达 4.3 万辆和 3.2 万辆，当地汽车产量占比分别提升到 2.7% 和 4.5%。

重庆汽车产业已经建立起"整车+配套+研发+认证"的生产结构和协同研发检测体系，形成了重、轻、微、轿车型齐全的汽车产品线，成为全国主要的汽车研发生产基地之一。从产品和龙头企业来看，重庆通过对长安福特一二三工厂、长安福特发动机工厂、长安福特变速器工厂、长安鱼嘴基地等项目的实施，构建起了重庆汽车产业骨架体系，带动上汽通用五菱、北京现代、长城汽车等市外整车企业来渝布局，支持小康等本土企业进入汽车领域；具备乘用车（轿车、SUV、MPV）、商用车（客车、货车）、专用车（自卸车、挂车、运钞车、环卫车等）较为齐全的产品谱系，已构建完整的以发动机、变速箱、底盘、车桥等为代表的整车制造和零部件配套供应体系；形成了以长安系为龙头，上汽依维柯红岩、上汽通用五菱、东风小康、北汽银翔、北京现代、华晨鑫源、庆铃汽车、潍柴汽车、北方奔驰、恒通客车、长城汽车等10多家整车企业为骨干，上千家配套企业为支撑的"1+10+1 000"企业集群（拥有规模以上企业达971户），汽车整车综合生产能力达400万辆/年；拥有中国汽研、重庆大学、重庆邮电大学等研究单位和高校，建设有国家级智能网联汽车和智慧交通示范区。同时，重庆围绕汽摩高端、轻量、节能三个方向，完善零部件本地配套，实施品牌战略，着力重塑汽摩产业竞争新优势；持续推进新技术、新业态、新模式等在汽摩产业的应用，推动以新能源和智能网络汽车等为重点的汽摩产业与现代信息技术的深化融合，促进汽车单一通行功能向兼具通行和智能终端功能转型升级，培育打造五千亿元级汽车产业集群。重庆主要汽车企业分布及主要产品见表3-12。

表3-12 重庆主要汽车企业分布及主要产品

地区	重点企业	重点产品
两江新区	长安福特、长安股份、上汽依维柯红岩、上汽通用五菱、上汽红岩、现代汽车等	轿车、微车、重型车等产品及发动机、变速器、汽车电子等零部件
大足	上汽红岩、凯瑞、重庆重汽专用车、双专等	重卡、改装车及轮胎等零部件
永川	长城汽车、庆铃专用汽车、（德国）中交STS电动车、瑞悦车业以及江苏富满集团	SUV、专用车、电动车
合川	北汽银翔、比速汽车	轿车
九龙坡	庆铃、北方奔驰	商用车
江津	潍柴（重庆）	SUV、商务车
沙坪坝	东风小康	商用车
璧山	比亚迪等	商用车和微车及零部件配套
万州	长安跨越等	商用车及零部件
涪陵	华晨鑫源	轿车
长寿	新特汽车	新能源汽车（纯电动）

四川汽车产业已建立整车和关键零部件研发制造、销售、维修为一体的产业体系，形成了以成都为核心，绵阳、资阳、南充、宜宾等市为重点，内江、广安等市为支撑的产业发展格局，是全国重要的汽车制造基地之一。从产品和龙头企业来看，四川汽车产业中的整车制造包括一汽大

众、一汽丰田、东风神龙、沃尔沃、吉利等龙头企业，具备乘用车（轿车、SUV、MPV）、商用车（客车、货车）、专用车（自卸车、挂车、运钞车、环卫车等）、低速载货汽车等较为齐全的产品谱系，零部件配套企业涵盖动力传动系统、底盘悬架系统、电子电器系统、车身及内外饰等产业链各个环节，形成了整车、关键零部件、物流、营销服务为一体的完整产业链；拥有中国汽研—四川现代联合实验基地，建设有国家级智能网联汽车示范基地。同时，四川坚持发展整车与强化配套相结合，支持自主研发和投放价值量高、盈利能力强的中高端车型，鼓励加快导入高端品牌和高档车型；围绕强化自主创新能力建设，培育壮大新能源与智能汽车产业，重点发展中高端新能源乘用车和氢能源汽车，加快发展新能源客车、商用车、专用车，大力研制新一代动力电池、电机控制器、驱动电机等产品，积极推进燃料电池电堆及动力系统和氢气制备、储运与加注等关键技术协同攻关，推动汽车产业向新能源、轻量化、智能化和网联方向转型升级。四川主要汽车企业分布及主要产品见表3-13。

表3-13　四川主要汽车企业分布及主要产品

地区	重点企业	重点产品
成都	一汽丰田、吉利轿车、一汽大众、沃尔沃等	轿车、微车、重型车等产品及发动机、变速器、汽车电子等
绵阳	中国重汽集团卡车、新晨动力、华瑞汽车等	轿车、SUV、轻卡、皮卡、重卡及新能源乘用车及零部件配套
资阳	南骏汽车、现代商用车、宏泰熊猫等	轿车、微车、重型车等产品及零部件配套
南充	吉利四川、鑫达控股、中国重汽、日上车轮、江苏旷达、人本轴承等	轻中型载货汽车、客车、改装车及零部件配套
宜宾	凯翼汽车、宜瑞汽车、奇瑞新能源汽车、四川时代等	轿车、SUV、新能源汽车及锂电池等

二、成渝地区新能源汽车产业链环节分析

（一）新能源汽车产业链主要环节

新能源汽车产业链由顶层技术、上游材料端、中游核心装置部件和下游整车及后市场构成，主要包括上游的锂、镍、铝、钢等金属原材料及构成锂电池的正负极材料、隔膜、电解液等；中游的三电系统（电机、电控

和电池)、底盘、车用电子器件、内饰件等核心部件及相关零部件;下游的汽车整车、充电桩及电池回收等(见图3-9)。

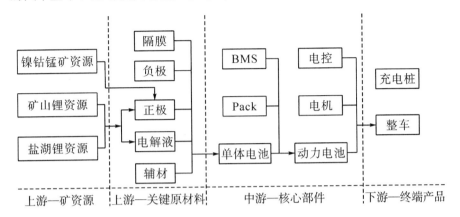

图 3-9 新能源汽车产业链示意

新能源汽车产业链上游可分为两部分,最上游为镍钴锰矿、锂矿、铝矿、铁矿、石墨矿等矿资源。其中,镍、钴、锂等有色金属主要用在新能源汽车电池的正极材料上,石墨为电池负极材料的主要构成原料,正极材料、负极材料、隔膜及电解液是锂电池的主要组成部分,铝、钢及塑料等材料主要用于车身及相关零部件构架等。正极材料是锂电池的核心材料,是决定电池性能的关键因素,目前正极材料使用较多的为磷酸铁锂及镍钴锰酸锂(三元材料)。负极材料的构成主要为碳材料及非碳材料,其中碳材料包括石墨材料(天然石墨、人造石墨)与其他碳材料(硬碳、软碳),非碳材料可细分为钛基材料、硅基材料、锡基材料、氮化物等。与正极材料不同,锂电池负极虽然路线也较多,但最终产品较为单一。隔膜为锂电池正负极之间的一层薄膜,在锂电池进行电解反应时,可用来分隔正极和负极以防止发生短路。目前,隔膜材料主要有聚乙烯(PE)和聚丙烯(PP)两种,隔膜材料的选择与正极材料有关,聚乙烯主要应用于三元锂电池,聚丙烯则主要应用于磷酸铁锂电池。电解液在锂电池中主要作为离子迁移的载体,保证离子在正负极之间的传输,对电池安全性、循环寿命、充放电倍率、高低温性能、能量密度等性能指标都有一定影响,一般由高纯度的有机溶剂、电解质锂盐和添加剂等原料按一定比例配制构成。

新能源汽车产业链中游涉及的业态更为多样化,核心为电池、电机、电控"三电系统","三电系统"在新能源汽车成本中占50%左右。动力电池系统决定新能源汽车的续航里程，单体电池经过封装（pack）并与电池管理系统（BMS）构成动力电池系统。电机的作用是将电能转化为动能，决定车辆的性能，主要由定子、转子、机壳、连接器、旋转变压器等组成，定子和转子为其核心部件。电机按整体技术分为流电机、交流异步电机、永磁同步电机和开关磁阻电机四大类，目前新能源汽车市场上主要为交流异步电机和永磁同步电机。交流异步电机成本低、耐用性好，效率相对较低，而永磁同步电机成本高，整体性能相对更好。电控系统是控制汽车驱动电机的装置，对车辆运行和动力输出进行合理控制。与传统的燃油车相比，新能源汽车电气系统变化巨大，对电控系统的要求也更高、更复杂。新能源汽车的电控系统核心组件主要包括逆变器、驱动器、电源、控制器、保护模块、散热系统、信号检测模块等，其中逆变器、驱动器和控制器为关键核心部件。逆变器的核心模块绝缘栅双极型晶体管（IGBT）在电控系统的作用至关重要，其成本占整个电控系统的 40%～50%。IGBT 的作用是交流电和直流电的转换，同时还承担着电压的高低转换功能。驱动器的作用主要是控制驱动电机的转速与转动方向，以及将驱动电机副扭矩产生的交流电进行整流回充给动力电池。控制器作为电动汽车中央控制单元，是整个控制系统的核心，也是各个子系统的调控中心，主要功能是协调管理整车运行状态，包括采集电机及电池状态，采集加速踏板信号、制动踏板信号、执行器及传感器信号，根据驾驶员意图综合分析做出相应判定后，监控下层各部件控制器动作。除三电系统外，新能源汽车中游还涵盖了汽车电子、车载物联网终端、内饰、轮胎等多个细分产业。

新能源汽车产业链下游主要为汽车整车、充电桩、汽车服务等。新能源整车大致可分为乘用车和商用车两部分。与传统燃油车整车过程类似，新能源汽车整车制造主要包括冲压、焊装、涂装、总装四大工艺环节。其中，冲压工序较为重要且复杂，包括落料、冲孔、修边、分离、拉延、翻边、整形，以及对原材料的热处理等，冲压模具的精度、冲压的工艺参数对冲压件的质量具有较大影响，直接影响后续的工艺环节，最终决定车辆的品质。焊装工艺也较为重要，决定整车的应力分布以及后续的装配精度。

（二）成渝地区新能源汽车产业链安全分析

1. 成渝地区新能源汽车产业链各环节基本情况

我国新能源汽车产业快速发展，产销量连续七年位居全球首位。从总体来看，我国新能源汽车技术水平显著提升，产业体系日趋完善、企业竞争力大幅增强。在动力电池领域，我国动力电池企业的装机市场占有率较高，动力电池关键材料基本实现国产化，已成为锰酸锂、磷酸铁锂、三元材料前驱体、钛酸锂负极材料、石墨负极材料、电解液、隔膜等材料的全球最大生产基地。其中，日本和韩国掌握了正极材料最先进技术，我国部分企业的高镍三元材料技术研发接近日韩先进水平；我国和日本在负极材料市场占据主导地位，国内多家企业已经进入国际配套体系。日本和韩国是电解液材料、高端隔膜国际市场的主要供应商，近年来我国电解液材料、隔膜企业技术实力大幅提升，逐步实现对进口隔膜的国产化替代。电控系统自主研发能力大幅提升，在 2020 年以前，我国电控系统核心部件 IGBT 主要依赖三菱、英飞凌等日本、德国企业供应，我国 IGBT 的进口依赖程度较高，随着国内 IGBT 行业研发能力的提升，国内企业在 IGBT 芯片研发、模块封装、测试和应用等方面的国产化替代进程逐步加快，部分新能源汽车企业实现车规级 IGBT 自给自足，新能源汽车电控系统发展进步显著。

成渝地区新能源汽车产业链不断完善，初步建立了包括整车、关键零部件、配套市场等较为完整的新能源汽车产业体系。其中，重庆新能源汽车已形成"9+3+5+30"（9 家乘用车企业、3 家客车企业、5 家专用车企业和 30 家核心配套企业）发展格局，智能网联汽车总体处于国内先进行列，四川拥有涵盖各类新能源汽车产业链上、中、下游的相关企业百余家，其中涉及新能源汽车整车 20 余家。一是上游矿产资源储备丰富。成渝地区关键矿产资源优势明显，四川锂矿资源较为丰富，占全球锂矿石的 6.1%、全国锂矿石的 57%，位居全国第一。电机上游的零部件中最主要的原材料为钕铁硼永磁体，该原材料为第三代稀土永磁材料，是当代磁体中性能最强的永磁体，四川稀土资源储量位居全国第二，成为成渝地区驱动电机产业发展的一大优势。二是动力电池等核心部件企业加速集聚。成渝地区通过引进培育比亚迪、特瑞、五龙动力、四川时代、宁德时代、天齐锂业等一批行业领先企业，依托宁德时代、比亚迪、天齐锂业等龙头企业，积极打造全国领先的锂电材料及动力电池产业基地，支持长江机械、金鸿曲轴、富临精工等零部件企业向电动化、智能化转型发展。三是汽车整车及充电设施逐步完善。成渝地区新能源汽车整车企业有 40 余家，涵盖乘用车、客车、专用车等各细分类别，整车制造业基础实力雄厚，依托国家级智能网联汽车和智慧交通示范区（重庆）、中德智能网联汽车试验基地

（四川）项目，智能化水平不断提升。成渝地区加快省际高速公路服务区充电桩建设，加快换电站布局，优先在出租车、网约车等公共领域试点运营换电技术，完善充电基础设施建设。同时，成渝地区绿色可再生资源优势明显，四川水电装机容量占全国20%以上，水电装机容量及年发电量均稳居全国首位，还有大量风电、光伏资源可开发，为新能源汽车产业发展奠定坚实的资源基础。

2. 成渝地区新能源汽车产业链各环节安全分析

（1）上游原材料方面。从锂电池上游资源发展情况来看，全球锂、钴、镍资源的分布集中度较高且呈现寡头垄断特征。其中，锂矿资源主要分布在智利、中国、澳大利亚、阿根廷，这四个国家的锂矿资源储量占全球储量总量的96%；钴资源主要分布于刚果和澳大利亚，分别占全球储量总量的49%和16.8%；镍资源主要分布在澳大利亚、巴西和俄罗斯等地区。从总体上看，成渝地区在新能源汽车产业链上游的矿产资源和原材料环节对外部依赖程度较高。一是锂资源较为依赖进口。成渝地区锂资源虽然丰富但禀赋不佳，且锂矿开发难度大、周期长、成本高等诸多不利因素导致锂资源外部依赖较强，主要从智利、阿根廷进口碳酸锂。二是钴、镍资源主要依靠外购。我国钴、镍资源相对匮乏，其中，钴储量约为8万吨，仅占全球储量的1%，镍储量约为398万吨，占全球储量的4.4%。成渝地区钴、镍资源较为依赖外部市场，钴资源主要依赖刚果、菲律宾等国，镍矿资源主要从印度尼西亚和菲律宾进口。在电池核心原料主要被国外垄断的背景下，成渝地区新能源汽车动力电池发展面临较高的安全风险。

（2）中游核心部件方面。成渝地区在电机、电控等新能源汽车关键部件领域核心技术供给不足，存在被"卡脖子"风险。一是电机系统方面。国内驱动电机取得较大进展，已经自主开发出满足各类新能源汽车需求的产品，部分主要性能指标已达到相同功率等级的国际先进水平，但是在峰值转速、功率密度及效率方面与国外先进水平尚存一定差距。成渝地区虽然集聚了比亚迪、信质、神驰机电等驱动电机企业，但从总体上讲，龙头企业仍然较少，竞争力不强，电机用耐电晕电磁线、绝缘材料、高速轴承等核心部件基本依赖进口，且永磁体和硅钢片等利用率较国外低，电机生产成本较高。二是电控系统方面。成渝地区大部分电控组件IGBT芯片等仍不完全具备自主生产能力，车辆控制器、转动系统及底盘控制系统等所用芯片几乎需要从国外进口。目前，全球车规级IGBT领域龙头企业主要包括英飞凌、三菱、富士电机、安森美等，其中英飞凌在各个细分市场中都有较大的领先优势。成渝地区车规级 IGBT 除比亚迪可以自给自足外，尚无企业能够生产供应。三是智能网联领域。新能源汽车网联化、智能化发展趋势明显。在智能网联领域，成渝地区新能源汽车在基础传感器技术领域面临品种缺失等问题，尚无具有规模能力的产品供应商，车载环境感知系统（车载视觉系统、车载毫米波雷达、车载激光雷达）的芯片设计、制造工艺、使用寿命、批量生产等方面与国外差距较大。此外，车载计算平台核心芯片、基础软件和操作系统均来自国外，面临较高的产品供应中断风险；同时，上层应用软件及下层硬件产业链发展也受制于人。

第四章　推动成渝地区双城经济圈产业链高质量发展的思路

为推动成渝地区双城经济圈产业链高质量发展，我国政府应统筹发展和安全，立足空间维度、创新维度和产业维度，系统性思考实现产业链高质量发展的基本思路、基本原则、发展目标，加快构建自主可控和安全可靠的区域产业链供应链体系，推动我国加快构建国内国际双循环相互促进的新发展格局，实现经济安全稳定高质量发展。

第一节　基本思路

我国政府要以习近平新时代中国特色社会主义思想为指导，全面贯彻党的二十大精神、党的第二十届一中全会精神和党的第二十届二中全会精神，立足新发展阶段，完整、准确、全面贯彻新发展理念，积极融入和服务新发展格局，坚持总体国家安全观，统筹发展和安全，以供给侧结构性改革为主线，以改革开放创新为动力，以成渝地区双城经济圈建设为引领，结合当前成渝地区产业链安全亟待解决的问题和未来的目标任务，明确产业链高质量发展的方向、路径和重点。一是坚持扩大对外开放。我国政府要面向重点国家及地区加强产业链供应链融通协作，推动成渝地区双城经济圈产业空间布局协调优化，加快构筑错位分工、协同高效的区域产业链发展空间格局，增强产业链供应链的韧性和稳定性。二是注重安全发展。我国政府要积极应对美国等西方国家关键技术封锁和高端装备管控，围绕成渝地区重点产业链环节和关键技术"卡脖子"领域，加强自主创新和核心技术攻关，补齐产业链短板。三是营造良好的产业链发展生态。一方面，我国政府要围绕构建公平的市场竞争秩序，促进生产要素的区域之间能够自由流动，打造一流的营商环境；另一方面，我国政府要聚焦创新链、产业链、资金链、人才链深度融合，构建融通发展的开放创新生态。我国政府既要瞄准汽车、电子信息等优势产业集群，精心部署其创新链，加强设计研发、系统集成、市场营销等方面的自主性，抢占优势产业全球价值链的中高端，全面提升成渝地区双城经济圈重点产业链关键核心技术的自主可控能力和优势产业集群的综合竞争力；更要紧盯未来科技革命与产业变革演进图景和全球价值链的中高端环节，抢先布局产业链，打造具有世界影响力的战略性新兴产业高地。

第二节　基本原则

一是要处理好"政府引导和市场主导"的关系。成渝地区双城经济圈产业链高质量发展需要政府和市场共同发挥各自作用才能顺利实现，要找准政府和市场相互补位、协调配合的结合点，发挥政府"看得见的手"和市场"看不见的手"的作用，实现"有效的市场"和"有为的政府"相结合。一方面，我国政府要发挥好市场通过价格配置产业链从原材料到制成品的资源决定性作用，以及市场对企业等市场参与主体的激励与约束功能，有效激发企业创新精神，主动嵌入全球产业链、价值链的关键环节，加快引领形成重点产业链群。另一方面，我国政府必须在推动成渝地区产业链实现安全稳定高效发展的过程中发挥引导作用，在涉及国家安全、经济安全的关键产业链和重要生产环节，积极引导产业链相关重点企业加速集聚，持续抓好产业链供应链集聚区的配套实施，保障好基础要素供应，为企业营造一流营商环境。

二是要处理好"经济效率与发展安全"的关系。要推动成渝地区双城经济圈产业链高质量发展，我国政府既要坚持效率优先，通过制度设计和市场推动，努力提升资源要素的利用效率，实现资源利用最大化；又要注重安全，坚持把安全作为发展的前提，确保产业链建设发展与成渝地区资源禀赋相契合，与构筑长江上游生态安全屏障要求相契合，与国家产业链供应链安全稳定要求相契合。我国政府要聚焦自主创新与开放引进相结合，推动产业链与创新链耦合发展，保持产业与科技领域自主创新同开放引进的平衡，既要通过围绕成渝地区双城经济圈的整体产业链打造创新链实现产业链的自主可控，还要通过形成全方位的自主创新链和衍生高附加值的产业链，克服创新链的碎片化和产业链的低端锁定难题，提升区域产业链供应链的韧性和安全水平。

三是要处理好"川渝两地产业分工与合作"的关系。川渝两地历来是我国重要的制造业基地，两地产业链协同性不高、互补性不强等问题依然存在。在推动成渝地区双城经济圈产业链实现高质量发展的过程中，我国政府必须依据川渝两地资源禀赋和产业基础，立足成渝地区双城经济圈发展大局和构建现代产业体系全局，以一盘棋思想和一体化理念，按照有利于优化产业结构、促进产业链协同分工、补齐产业链短板的要求，促进成渝地区产业链群空间布局协调优化，推动成渝地区产业链薄弱环节补链强链；同时，加大对具有引领和带动性的战略性新兴产业、未来产业等的谋划力度，注重产业链和创新链的协同联动，增强优质产业项目的牵引、辐射与带动作用，协同共建高效分工、错位发展、有序竞争、相互融合的产业链供应链体系。

四是要处理好"重点突破与全面推进"的关系。为推动成渝地区双城经济圈产业链高质量发展，我国政府既要对存在产业链安全风险的重点领域实行集中攻关，又要把握产业链安全稳定发展全局进行全面推进。一方面，我国政府要对成渝地区重点制造业核心领域的产业链断供情况进行系统排查，摸清底数制成清单，对"卡脖子"问题加强核心技术攻关，加快研究实施关键核心零部件、技术的可替代性措施，建立大型关键装备、研发设施的共享机制；另一方面，我国政府要建立产业链安全稳定发展的全面推进机制，积极构建"政产学研金服用"多主体共生的产业生态圈，开展跨领域跨行业的协同创新，同时加大对知识产权保护、企业减税降费、研发投入、科研人员创新、产业基金支持等方面的政策扶持力度，形成区域性门类齐全、上下游紧密协同、空间上高度集聚、供应链集约高效的产业链集群。

第三节　发展目标

首先是中期目标。到2025年，成渝地区双城经济圈产业基础能力显著提升，一批高水平共性技术平台、新型产业基础设施等重大项目建成运行；初步建立起与产业链安全稳定发展相适应的创新服务体系，产业链发展的关键技术问题和"卡脖子"瓶颈约束有效缓解，产业链升级持续加快；电子信息、汽车等优势产业链国际竞争力明显提升，工业用原材料、大宗商品等重点供应链的稳定顺畅运行进一步增强，产业链供应链韧性和安全水平不断提高，产业链发展质量得到明显改善；成渝地区双城经济圈在国际产业链体系中的地位进一步提升，在西部地区的示范引领作用初步发挥。

其次是远景目标。到2035年，成渝地区双城经济圈产业链分工协作格局和全面开放新格局不断巩固，承接国际和东部地区转移的产业在成渝地区形成竞争力较强的产业集群和产业链条；产业链创新能力达到国际先进水平，科技创新与产业链发展形成良性互动；成渝地区与周边及重点国家和地区形成稳定的产业链供应链合作伙伴关系，富有弹性、多样化、内通外畅的产业链供应链基本建成，并全面迈向全球价值链的中高端；成渝地区产业链发展的综合实力和国际竞争力得到大幅提升，对西部地区经济发展的辐射带动作用日益突出，成为我国构建国内国际双循环新发展格局的重要支撑，形成带动全国经济社会高质量发展的重要增长极和动力源。

第五章 成渝地区双城经济圈产业链高质量发展的路径及对策

我国政府应聚焦成渝地区双城经济圈产业链发展基础和安全风险现状，围绕增强产业链国际竞争力、打造内外畅通的产业链供应链体系、强化产业链供应链安全稳定的体制机制保障三个方面，构建成渝地区双城经济圈产业链高质量发展路径，建设适应新发展阶段、顺应新发展格局、支撑新产业体系的产业链供应链生态。

第一节 增强产业链国际竞争力

一、提升产业基础能力

我国政府应聚焦成渝地区双城经济圈电子信息、装备制造、新材料、汽车制造等重点产业领域核心基础零部件及元器件、基础软件、基础材料、基础工艺和产业技术基础等基础领域迫切需求，充分发挥制度优势和成渝地区双城经济圈市场规模优势，对接实施好国家产业基础再造工程，加快推动高水平共性技术平台、新型产业基础设施、共性技术创新服务体系建设，着力攻克一批掣肘产业发展的共性核心技术。

一是强化高水平共性技术平台建设。我国政府应聚焦关键共性技术、跨领域交叉技术研发、转化应用及重大设施共建共享，推进高水平技术服务平台建设，围绕关键共性技术、批量生产工艺、标准制定等开展联合攻关，加快实现工程化、产业化突破。首先是加快推进研发创新平台建设。我国政府要加快成渝地区双城经济圈制造业创新中心、行业技术基地、企业技术中心布局，加强共性技术数据资源整理加工，探索建设一批面向社会开放的共性技术资源库、行业数据资源库、通用模型库等共享数据库，增强对企业创新的服务支撑能力。其次是加强产学研联盟建设。我国政府要鼓励成渝地区双城经济圈相关领域企业、高校、科研院所等创新力量组建联合体，培育引进一批"产学研"高度协同、国内外开放合作的高端研发机构，着力开展产业共性技术、关键技术和前瞻性技术攻关，促进行业成果转化和产业孵化。最后是积极发展新型研发机构。我国政府要积极引育集成电路 EDA 工具、智能终端方案设计、车机系统、医药技术服务提供商等第三方研发机构，争取国内外一流科研院所、世界及国内龙头企业设立区域性研发总部，推动本地企业剥离研发部门组建法人化独立研发公司，进一步扩大产业技术创新主体规模。

二是加快新型产业基础设施建设。我国政府要强化新型基础设施投入，围绕信息基础设施、融合基础设施等方面，加大新基建投入力度，有序推进数字设施化、设施数字化进程，加快制造业数字化、网络化、智能化、绿色化发展。首先是加快部署新一代信息基础设施。我国政府要依托全国一体化算力网络国家枢纽节点、高性能超算中心等重大项目建设，扎实推进成渝地区 5G、千兆光纤、IPv6、先进数据中心等信息基础设施建设，推动建设国家新型互联网交换中心，打造集算法开发、服务支持、运营保障、资源配置于一体的超级计算资源集聚高地。其次是全面推进工业互联网体系建设。我国政府要聚焦成渝地区双城经济圈产业转型发展需求，发挥工业互联网标识解析重庆国家顶级节点、国家大数据中心核心节点等优势，打造一批产业互联网平台、人工智能服务平台、智慧园区平台，引进培育一批面向产业发展急需的转型支撑平台。最后是推动传统基础设施改造升级。我国政府要围绕成渝地区双城经济圈新型智慧城市建设和传统基础设施改造升级需求，深度应用互联网、大数据、人工智能等技术，加快城市智能中枢建设，推动基础设施数字化改造，支撑传统基础设施转型升级。

三是完善关键共性技术创新服务体系。我国政府要聚焦重点产业关键共性技术，完善各创新主体、创新环节、创新领域协同共生的制度基础，重点围绕健全技术创新激励机制以及科技成果转移转化服务体系，满足产业发展关键技术需求。首先是加大技术创新激励力度。我国政府要加快推动科技创新发展基金、创业投资基金、产业投资基金等产业金融发展，完善知识产权保护、检验检测认证等创新服务，健全技术创新激励机制体制。其次是完善科技成果转化机制。我国政府要加快在成渝地区双城经济圈科技大市场、高校院所技术转移机构、社会科技中介服务机构等科技成果转移转化专业服务机构建设，健全成果转化、专利许可转让等机制，提升共性技术转移扩散能力，推进创新成果资本化、产业化。最后是提高创新人才培养能力。我国政府要发挥成渝地区双城经济圈高校在科技、学科、人才等方面的综合优势，推动成渝地区双城经济圈高校对接产业关键共性技术需求，加快学科和专业优化设置，增加基础型、复合型高端人才供给，深化现代职业教育体系建设改革，打造区域、行业产教融合共同体，提高高素质技术技能人才培养能力。

二、加强领军企业培育

我国政府要聚焦成渝地区双城经济圈重点产业链核心环节，瞄准国内外领军企业和关键核心环节制造企业，积极引进总部型企业、领军"链主"型企业，加大优势骨干企业、高成长性中小微企业的培育力度，在重点领域培育引进一批有支撑影响力的产业主体，提升成渝地区双城经济圈重点产业链控制力。

一是培育引进总部企业。我国政府要依托成渝地区双城经济圈主要开放开发平台，加快建设金融楼、商务楼、科研楼、专业服务楼等总部楼宇，打造特色总部集聚区，着力引进和培育一批国内外大型总部企业，增强要素资源的聚集辐射能力，推动成渝地区双城经济圈加快产业升级。首先是引进一批国内外知名总部企业。我国政府要重点瞄准世界500强、中国500强、民企500强和新经济500强等领军企业，吸引跨国公司、国内外大型企业来成渝地区双城经济圈设立综合总部、地区总部、功能总部和研发中心等高能级部门；积极引进国际、国内行业协会及组织的总部。其次是培育本土总部企业。我国政府要在电子、汽车、摩托车、装备、材料、生物医药、消费品工业等先进制造业领域支持一批综合实力强、发展潜力大的本土企业做大做强，争取进入全国500强、行业100强，提高成渝地区双城经济圈企业品牌的国际影响力。

二是发展壮大龙头企业。我国政府要围绕成渝地区双城经济圈产业发展方向，按照"龙头企业—产业链—产业集群—产业基地"思路，着力集聚一批处于国内行业前列、具有全球资源整合能力的龙头企业带动产业发展。首先是培育引进龙头企业。我国政府要培育一批在技术上领先、能推动产业变革的标志性创新型领军企业，扶持本土骨干企业提升产品层次、扩大市场影响力，引进一批具有行业领先地位的国内外龙头企业，加快培育打造一批行业单项冠军企业和隐形冠军企业。其次是强化龙头企业产业链整合。我国政府要鼓励龙头企业强化产业链整合和价值链延伸，实施"百亿强企""千亿跨越"大企业大集团提升行动，支持龙头企业开展跨行业、跨区域兼并重组，在不同产业领域、不同产业环节之间交叉渗透融合，形成跨界融合的产业集团，进一步提升龙头企业国际竞争力。最后是提升龙头企业研发创新能力。我国政府要鼓励龙头企业建设研发机构，支持有条件的企业创建国家重点实验室、工程实验室、工程技术（研发）中心等国家级研发机构，到海外建立研发中心，收购兼并海外科技企业或研发机构，提升企业创新能力。

三是培育高成长性中小微企业。我国政府要聚焦细分领域补短板、锻长板，加大中小微企业培育力度，培育一批主营业务突出、竞争力强、成长性好的专精特新中小企业，支持"专精特新"企业参与成渝地区双城经济圈产业基础再造工程和制造业强链补链行动。首先是构建优质企业培育梯队。我国政府要面向电子信息、智能网联新能源汽车等重点产业方向和产业链关键技术需求，抓紧培育一批专注细分市场、创新能力明显、成长性好的优质中小企业，支持有条件的"小巨人"企业和单项冠军企业发展成为产业链龙头企业，构建分层分类、动态跟踪管理的企业梯队培育名单。其次是大力招引"专精特新"企业。我国政府要瞄准成渝地区双城经济圈产业链供应链关键环节，开展精准招商，实施"独角兽""瞪羚"企业引进培育计划，引进一批产业带动力强的"链主"企业，落地一批强链补链稳链项目，新增一批科技企业、小巨人企业和高新技术企业。最后是优化大中小企业融通发展生态。我国政府要搭建产业链领航企业与"专精特新"企业创新合作平台，通过产业链供应链与中小企业开展配套对接，构建创新协同、产能共享、供应链互通等新型产业发展生态；鼓励引导组建跨行业的产业配套联盟，利用"5G+互联网"等搭建新型产业链创新生态，增强产业链自主可控和供应链安全稳定。

三、推动产业创新发展

我国政府要聚焦传统产业链转型升级和新兴产业链壮大发展，围绕数字经济、生产性服务业与传统制造业深度融合，以及战略性新兴产业和未来产业加速培育，加快推动成渝地区双城经济圈产业创新发展，构筑高效、安全、稳定的产业链。

一是促进数字经济与制造业融合发展。我国政府要加快成渝地区双城经济圈数字经济发展，深入推进制造业数字化转型，推动关键工序智能化、生产过程和供应链智能化，助力数字经济与实体经济深度融合发展。首先是壮大数字产业。我国政府要加快国家数字经济创新发展实验区（重庆、四川）、国家首批5G规模组网和应用示范城市（重庆、成都）建设，聚焦重庆"芯屏器核网"、四川"芯屏端软智网"全产业链，补齐产业缺失链环和薄弱环节；强化供需对接、应用牵引，推动汽车、电子、装备、政务、能源等行业应用场景开发开放，支持更多新技术、新产品、新服务推广应用。其次是深入推进智能制造。我国政府要加快国家新一代人工智能创新发展实验区（重庆、成都）、工业互联网标识解析国家顶级节点（重庆、成都）建设，鼓励支持重点行业龙头企业、骨干企业实施智能化改造，建设智能工厂、数字化车间，打造灯塔工厂；深入实施"一链一网一平台"试点示范，分行业制定中小企业数字化转型工作指南，加快实现集群式数字化转型；积极引育智能制造系统解决方案供应商、智能制造设备生产商等关键软硬件产品开发和应用，增加智能制造相关技术、标准、产品和整体解决方案本地供给。

二是推动服务业与制造业深度融合。我国政府要聚焦生产前端的要素流通、产品设计，生产过程中的数据分析、生产制造，以及生产后端的产品营销、后期维护等环节，推动成渝地区双城经济圈制造业全生命周期延伸拓展服务功能，促进生产性服务业向生产全流程、全产业链渗透。首先是加快服务型制造创新发展。我国政府要推动传统制造企业向产业链前端研发设计和产业链后端售后服务等环节拓展，逐步向"制造+服务"和"产品+服务"转变，支持行业领军企业开展各种专业化服务，鼓励制造业企业发展供应链金融和融资租赁服务，推动有条件的设备生产制造企业向系统集成总承包服务和提供产品全生命周期服务转变，促进制造业生产流程优化、方式转变和效率提升。其次是打造良好的产业链协作生态。我国政府要鼓励产业集群内制造业龙头企业、生产性服务业领军企业双向进入服务型制造领域，打造面向特定制造领域、围绕产业链的服务型制造网络；提升上下游产业链协同制造能力和效率，形成大、中、小企业协同研发、制造、服务的产业组织结构，深化与产业链上、下游企业和供应链网络各主体的合作。

三是培育新兴产业和未来产业。我国政府要顺应新一轮科技革命和产业变革趋势，加大成渝地区双城经济圈战略性新兴产业和未来产业培育力度，强化产业集群规模化发展，构建竞争力强、可持续的"新星"产业集群。首先是培育壮大战略性新兴产业。我国政府要聚焦新一代信息技术、高端装备制造、新材料、新能源汽车、节能环保等战略性新兴产业，围绕研发和制造两个维度同步发力，优先在集成电路、新型显示、智能汽车等重点产业延链补链强链上取得突破，强化产业链供应链自主可控，提升产业链发展水平，建设国内具有重要影响力的战略性新兴产业基地，打造成渝地区双城经济圈新的增长引擎。其次是前瞻布局高成长性未来产业。我国政府要准确把握未来产业发展趋势，瞄准新技术、新组织、新产业、新业态和新模式，围绕量子通信、卫星互联网、生命科学、绿色低碳等前沿领域，强化基础前沿产业技术研发，促进技术交叉创新、产业跨界融合，加快支撑未来产业发展的关键技术、关键零部件、关键原材料研发应用，催生培育一批新技术、新产业，抢占未来产业竞争制高点。

第二节　构建内外畅通的产业链供应链

一、打造区域产业生态

我国政府要实施产业链供应链合作跃升行动，重点突出顶层设计引领，围绕推动区域产业生态圈建设、建立促进产业链稳定服务支撑体系、深化与国内城市群的经济联系等方面，全力打造安全稳定的区域产业链供应链生态体系。

一是构建融入国家和全球产业链的区域产业生态圈。我国政府要聚焦成渝地区双城经济圈具有全国影响力的支柱性产业、特色比较优势产业、民生类产业，分类精准施策，打造安全稳定的区域产业链供应链生态圈。首先是加大成渝地区双城经济圈政府协同共进力度。针对在全国具有一定影响力，可代表国家参与全球竞争的电子信息、汽车两大产业集群，成渝两地应致力协同共进，制定区域专项产业规划，着力增强创新引领力，以培育产业生态圈的方式推进发展，打造稳定共享的供应链体系，提升产业集群全球竞争力。其次是突出核心城市构建发展大平台。成都在重型装备、航空航天、能源装备等领域具有一定优势，重庆在轨道交通、摩托车等领域具有一定优势，但两地均未形成在全国的竞争优势。我国政府要针对这类产业，重点突出核心城市构建发展大平台，引进、培育大企业，通过核心企业提高要素配置效率。最后是打造区域产业链供应链主体环节。我国政府要针对成渝两地酒类、食品类加工，以及化学纤维、纺纱、织布和成衣等民生类产业，突出其绿色化、智能化发展路径，强化上、下游产业链深度融合，做大个性化定制等新兴业态规模，共同承接沿海地区成衣产能转移和国际快消品牌服装订单，增强产业链供应链安全韧性。

二是构建促进区域产业链供应链稳定服务体系。我国政府要围绕成渝两地共建安全稳定的区域产业链供应链生态，积极发挥政府作用，打造全力推动机制、公共服务平台、产业链发展联盟等服务支撑体系。首先是搭建区域产业链"链长"制。我国政府要聚焦成渝地区双城经济圈重点产业集群建设，梳理产业链供应链重点企业和关键环节清单，建立区域重点产业"链长"制，形成合理稳定的工作推进机制。其次是搭建区域公共服务信息平台。我国政府要发挥成渝两地政府牵头引领作用，构建涵盖企业、技术、市场的区域产业地图，逐步拓展相关产业国内国际资源信息，强化信息及时共享，为企业开拓市场、寻求资源提供有效支撑。最后是组建重点产业链联盟。我国政府要充分借鉴长三角企业家联盟组织和运作方式，积极组建汽车摩托车、电子信息（集成电路、软件等）、高端装备（航空航天、节能环保等）等重点产业的各类产业链联盟，定期召开企业家联盟主席会，全面激发市场活力，促进成渝地区双城经济圈各产业链的循环畅通，推动产业平台化、智能化升级和集群发展。

三是深化与国内城市群的经济联系。我国政府要加强成渝地区双城经济圈与国内其他重要城市群的经济联系，积极承接东部沿海地区的产业转移，增强本地产业的协作配套能力，增强产业链供应链的韧性和稳定性。首先是加强与长三角、粤港澳、京津冀等城市群的产业协作和市场培育；优化提升与长三角、粤港澳和京津冀地区的通道联系，加强以重庆为枢纽贯通西南地区和西北地区的通道建设；推动建立跨区域产业链对接合作的平台载体、要素资源，建立跨区域产业协作项目示范，加快形成一批产业联盟、创新联盟。其次是积极承接沿海地区产业转移。我国政府要优化产业承接发展环境，破除妨碍各种要素市场化配置体制机制障碍，积极承接东南沿海地区电子信息、汽车零部件制造、纺织服装、家居家具等产业转移，推动产业链空间布局有序接续和产业全链条发展，为成渝地区双城经济圈打造国际产业分工和承接产业转移示范区提供强大动力，拓展形成梯队合理、联系紧密、协同高效的产业链分工协作体系，维护区域产业链供应链的完整性和安全性。最后是以出口转内销积极融入国内大循环。针对美国对我国加征关税以及全球需求疲软等外部冲击导致的成渝地区双城经济圈外贸企业出口困难问题，我国政府应围绕优化出口转内销市场准入、加快推动内外销产品标准接轨、搭建内销平台等方面，积极支持引导相关外贸企业开展出口转内销业务，降低外部需求不足带来的出口受阻风险。

二、畅通国际运输通道

我国政府要立足成渝地区双城经济圈区位优势和交通优势，合力共建国际物流大通道，加快重庆内陆国际物流分拨中心建设，打造国家物流枢纽，依托中新（重庆）多式联运示范基地、成都"一带一路"国际多式联运综合试验区建设，联合推进多式联运创新发展。

一是加快建设国际物流通道。我国政府要发挥成渝地区双城经济圈的区位优势和交通优势，建设东、西、南、北四个方向以及空中物流大通道，推动通道多种交通方式融合，加快形成辐射欧亚的国际物流通道新格局。首先是协调推进南向西部陆海新通道建设。我国政府要协调西部地区共同推进南向西部陆海新通道建设，重点争取相关省份推动黄桶（贵阳）至百色铁路和泛亚铁路建设，推动威舍至百色铁路、黔桂铁路扩能改造工程，加快钦州港深水航道建设，促进长江水道、陆海新通道与中欧班列通道实现无缝连接。其次是推进西向、北向中欧班列通道建设。我国政府要完善中欧班列国际贸易大通道基础设施，加大中欧班列（成渝）开行力度，争取开通新支线，丰富班列线路，更好发挥中欧班列西向通道辐射欧亚的作用；争取国家支持开展与蒙古、俄罗斯的国际协调，促进中俄蒙三方铁路点线能力的匹配衔接，拓展北向国际铁路物流通道。最后是拓展航空水运通道。我国政府要统筹成都天府机场、双流机场航班航线资源，增强重庆江北机场航线网络覆盖稳定并加密欧美航线，稳步拓展东南亚、东北亚地区的航线，争取新开"一带一路"相关国家和地区新航点；畅通东向长江黄金水道和铁海联运通道，争取国家加快相关工程建设解决三峡拥堵问题，着力疏解长江水运瓶颈，提升长江黄金水道通行能力。

二是加快完善国际物流通道枢纽功能。我国政府要加快推进重庆内陆国际物流分拨中心建设，联合四川共同做强中欧班列（成渝）品牌，促进各种资源要素高效汇聚，建设内陆国际物流枢纽和口岸高地。首先是强化重要通道枢纽功能。我国政府要依托广西北部湾港、海南洋浦港、重庆物流和组织运营组织中心、成都国家重要商贸物流中心等重大项目建设，加快完善陆港、空港、口岸等功能，提升通道枢纽支撑作用。其次是加快通道沿线枢纽和海外分拨配送网络建设。我国政府要加快推进南宁、贵阳、昆明等沿线国家物流枢纽建设，有序推进宜宾、自贡、泸州、遵义、柳州、百色等重要物流节点建设，打造具有集散、存储、分拨、转运等功能的物流设施；依托中国—老挝铁路沿线以及新加坡、泰国曼谷等通道沿线国家或枢纽城市，与东盟国家共建共享物流基地、分拨集散中心、公共性保税仓、海外分拨仓等配套设施，拓展东南亚腹地物流服务网络。最后是加强通道沿线物流企业协同合作。我国政府要推动西部陆海新通道物流产业发展联盟、中国—东盟物流行业合作委员会等组织协同合作，为成渝地区及通道沿线地区与东盟国家物流企业及行业协会对接合作搭建平台，优化跨区域物流服务体系。

三是提升通道多式联运服务水平。我国政府要依托中新（重庆）多式联运示范基地、成都"一带一路"国际多式联运综合试验区等国家多式联运示范工程项目建设，积极探索建立国际多式联运中心，创新通道多式联运服务体系。首先是大力提升国际铁海联运水平。我国政府要积极加密西部陆海新通道铁海联运班列，常态化开行重庆、四川至湛江港铁海联运班列，加强与广西钦州港、缅甸皎漂港等面向东南亚、南亚的国际物流合作；加强与烟台、日照、威海等沿海地区合作，开辟高效连接韩国、日本的铁海联运网络，提升成渝地区双城经济圈与东亚的互联互通水平。其次是稳定和提高国际铁铁联运水平。我国政府要依托西部陆海新通道沿线省会城市，重点建设贵州贵阳、云南昆明、广西南宁等国际铁铁联运枢纽，积极布局境外铁路联运重点枢纽，依托中越铁路、中老铁路、中缅铁路，重点建设越南河内、老挝万象、泰国曼谷等一批境外铁铁联运枢纽。最后是创新通道多式联运服务规则。我国政府要基于重庆、四川等地铁路运单物权化试点经验，探讨与沿线国家在中越铁路、中老铁路研究制定通道铁路提单规则流程，优化铁路单证、国际多式联运单证的陆上使用环境；扩大铁海联运"一单制"应用范围，建立铁海联运"一单制"国际协商合作机制。

三、深化对外经贸合作

我国政府要聚焦融入共建"一带一路"、RCEP，积极开辟产业链供应链稳定合作新渠道，围绕重点大宗商品和原材料供应顺畅，加强与周边国家及重点国家的经贸联系，依托稳定的跨境合作机制，促进产业链供应链融通协作，增强成渝地区双城经济圈产业链供应链的韧性和稳定性。

一是构建产业链供应链新渠道。我国政府要重点依托西部国际陆海新通道、中欧班列、中新（重庆）互联互通合作示范项目等重大通道平台，加强与重要国家和周边区域的产业链合作，形成新的合作机制和渠道。首先是主动融入共建"一带一路"建设。我国政府要围绕"一带一路"沿线国家及全球市场需求，继续按照"垂直整合、整机+零部件配套"的方式，重点推动成渝地区双城经济圈电子信息、汽车、装备制造等优势外向型产业，实现加工贸易向"研发链+产业链+供应链"深度发展。其次是面向RCEP国家加强产业链合作。我国政府要聚焦成渝地区双城经济圈重点环节补链强链，围绕电子信息、航空航天、高端装备、数字经济、人工智能等产业，面向新加坡、日本、韩国加大招商引资力度，吸引行业相关企业及上、下游配套企业跟进转移，实现相关产业终端成品、部件、模组的生产、设计、研发一体化；面向越南、泰国、马来西亚等东盟国家推动成渝地区双城经济圈汽车、化工新材料、装备制造、轨道交通、清洁能源等相对优势产业开展国际产能和装备制造合作，推进产业链供应链紧密对接。

二是保障大宗商品和原材料供应顺畅。我国政府要聚焦矿产、能源、农产品等大宗商品，以及材料工业、化工、消费品工业等原材料，加强与东盟、俄罗斯等重点国家的贸易合作，保障成渝地区双城经济圈大宗商品和工业用原材料的稳定供应。首先是保障矿产、能源大宗商品的稳定供应。我国政府要面向东南亚、东欧、拉丁美洲、非洲地区主动布局安全可控的大宗商品供应链节点，巩固和加强对南非、智利、秘鲁的黑色、有色金属矿及其冶炼加工产品，印度尼西亚的黑色金属矿、煤炭，缅甸的天然气、有色金属矿及其冶炼加工产品，俄罗斯的石油原油、天然气、煤炭、有色金属冶炼加工产品，以及巴西的黑色金属矿等产品的进口集结。其次是推动大宗农产品供应渠道多元化。我国政府要聚焦全球大豆生产和出口主要区域，重点瞄准阿根廷、巴拉圭、乌拉圭等南美洲国家，适度扩大大豆进口规模，逐步实现对美国、巴西进口大豆的部分替代；加大对俄罗斯大麦的进口力度，减少对加拿大的依赖，推动大麦进口结构持续优化，维护大宗农产品供应链安全平稳运行。最后是维护工业用原材料的稳定供应。我国政府要发挥西部陆海新通道面向东南亚的功能，加强与东盟的贸易互补联系，扩大从东盟进口化工原料、材料工业用原料、电子信息产品原辅材料，提高成渝地区双城经济圈制造业抗冲击风险和快速恢复能力，保障产业链供应链安全稳定运行。

三是创新跨境合作机制。我国政府要发挥西部陆海新通道功能，深化与东盟开放合作，推动形成对外合作新机制，努力打造共商、共建、共享的开放型经济大走廊。首先是创新产业园区合作机制。我国政府要加快成渝地区双城经济圈自贸区协同开放示范区建设，鼓励成渝两地与东盟以西部陆海新通道为桥梁，共建国际产能合作产业园，打造飞地产业集群；同时，依托成渝地区双城经济圈的经济技术开发区、高新技术产业开发区、边境经济合作区、综合保税区等海关特殊监管区，建设面向东盟国家的高水平国际合作园区。其次是建立跨境重点产业链供应链合作联盟。我国政府要围绕电子信息、新能源汽车、化工新材料、装备机械、摩托车以及绿色食品加工等通道重点跨境合作产业链，支持成立重点产业合作联盟，吸引东盟国家相关企业、研究机构参加，促进产业生态各方供需对接和知识共享。最后是搭建项目供需对接合作平台。我国政府要依托西部陆海新通道公共信息平台、贸易投资促进机构以及各类平台、展会，加快推进高能级开放平台建设，向东盟国家定期征集发布合作名优企业和产品信息，促进互采互购以及上、下游协作配套和项目供需对接。

第三节　强化产业链供应链安全稳定的体制机制保障

一、加强产业链风险预警应对

我国政府要加强重点产业链发展态势及安全风险评估，构建产业链供应链风险监测预警机制，及时掌握产业链供应链运行情况和苗头性风险，建立产业链供应链风险的应急与常态化响应机制，有效排除影响产业链供应链安全稳定运行的风险隐患。

一是构建产业链风险监测预警机制。我国政府要防范和提前应对产业链供应链苗头性问题，建立供应链风险监测预警机制。首先是加快构建供应链风险实时监测预警机制。我国政府要利用大数据、物联网等数字技术，建立供应链风险实时监控和预警体系，定期评估分析成渝地区双城经济圈重点产业、重点企业、重点项目供应保障情况，帮助企业充分利用国内国际市场，有效对冲和规避全球供应链风险。其次是加强对产业链运行的要素资源短缺、产能短缺过剩等风险的监测。我国政府要加大对成渝地区双城经济圈重点产业链资金链断裂、电力供应不足、矿产资源进口受阻、原材料价格上涨、劳动力及人才短缺等要素资源短缺风险的监控力度，以及对产业链或产业链部分环节产能急剧上升或下降的监测分析力度，警惕此类风险因素对企业生产经营带来的不利影响。最后是加强对产业链外迁、对外贸易摩擦等风险的预警。我国政府要加大对成渝地区双城经济圈产业链外迁风险的监测力度，以及世界主要国家对成渝地区双城经济圈部分产业企业实施反倾销政策、反补贴措施、保障措施和加征关税等手段的预测及预警力度。

二是建立突发产业链风险的应对机制。我国政府要加快建立供应链突发应急响应与联防联控机制，加大关键零部件采购储备力度，强化关键零部件和关键原材料供应保障。首先是及时谋划突发性产业链风险应对方案。我国政府要聚焦成渝地区双城经济圈重点产品供应、要素资源短缺和产能短缺过剩，以及产业链外迁和外贸摩擦等风险，依托相关政府部门、行业协会、智库机构、供应链管理咨询机构等多方力量联合攻关，建立多层次智慧产业链供应链应急管理体系，完善突发事件下的产业链供应链应急响应机制与联防联控机制，提高成渝地区双城经济圈产业链供应链突发风险的快速响应能力和决策水平。其次是继续加大海外库存抢购力度。我国政府要针对成渝地区双城经济圈供应风险相对较高的汽车、电子、航空、医疗器械等行业，全力支持重点企业在全球采购过程中与相关国家和地区、组织及企业的交流与合作；引导企业加强供应链风险管理机制，鼓励企业制订供应链备链计划，建立多边采购与预备性供应机制，分散供应链风险，增强产业链的安全性和韧性。

三是常态化提高供应链快速响应能力。我国政府要抢抓数字化转型机遇，加快推进成渝地区双城经济圈供应链信息服务能力建设，推动供应链上、下游企业共同实现稳定经营，快速、有效应对市场变化和风险挑战，不断提高国际竞争力。首先是强化全球范围收集市场信息。我国政府要加大对成渝地区双城经济圈供应链市场信息的跟踪力度，特别是涉及产业链供应链安全稳定发展的大宗商品、重要工业用原材料、关键核心设备和零部件等重点供需信息的搜集，加强对全球市场发展动向的分析和研判。其次是搭建重点供应链产业互联网平台。我国政府要以成渝地区双城经济圈重点供应链企业为核心，搭建供应链产业互联网平台，整合上、下游各主体以及物流、港口、航运、仓储等信息，提高信息集成度，实现更高水平的信息共享。最后是加快推动供应链可视化管理。我国政府要依托中国—新加坡"单一窗口"等互联互通项目，加快开展成渝两地与东盟国家货物申报数据交换、海运集装箱通关物流信息交换和"单一窗口"联盟区块链项目试点，并推广应用到与全球各国的供应链联系，推动业务流程、仓储管理、物流运输等供应链可视化建设。

二、营造优质产业链发展环境

我国政府要对标国际国内一流营商环境，重点推动形成公平竞争的市场竞争秩序，持续深化推进要素市场化改革，破除阻碍生产要素市场化配置和商品服务流通的体制机制障碍，加快社会信用体系建设，营造优质的产业链发展环境。

一是维护公平竞争的市场秩序。我国政府要全面清理和废止不利于统一市场建设和公平竞争的政策措施，加快建立统一开放、竞争有序的市场体系。首先是放宽和规范市场准入。我国政府要严格实施市场准入负面清单制度，推进相关领域管理体制改革，建立合理的利益疏导机制，为新兴产业发展降低制度转化成本；积极开展降低实体经济企业成本行动，进一步减轻企业负担，实施涉企收费清单制度，坚决取缔各种不合理收费和摊派。其次是创新市场服务和监管。我国政府要建立产业信息披露平台，及时发布产业发展重大信息，为市场主体提供产业发展指南；深入推进跨部门综合监管、信用分级分类监管，提高监管的精准性和有效性，同时深化安全生产、产品质量、社会保障、生态环境等领域的监管改革，切实发挥企业自律和行业协会督促管理的功能和作用。最后是严格规范执法。我国政府要建立健全跨部门、跨区域行政执法联动响应和协作机制，实现违法线索互联、监管标准互通、处理结果互认，依法建立健全各行业、各领域行政处罚裁量基准，合理划分裁量阶次，纠正处罚"畸轻""畸重"等不规范行政执法行为；加大对企业家合法权益的保护力度，构建"亲""清"新型政商关系，增强市场主体发展活力。

二是建设统一的要素和资源市场。我国政府要抢抓建设全国统一大市场机遇，争取将成渝两地纳入要素市场化配置综合改革试点，探索建立成渝地区双城经济圈一体化标准体系，破除妨碍各种生产要素市场化配置体制机制障碍，促进各类要素自由有序流动，切实降低企业制度性交易成本。首先是推进金融要素市场一体化。我国政府要围绕成渝两地共建西部金融中心，争取设立西部大宗商品期货交易所、西部证券交易所，设立市场化债转股平台，推动成渝两地区域股转中心"双城通"，打造综合性国际保险服务平台、国际供应链金融服务平台和国际金融结算平台。其次是推动土地要素市场一体化。我国政府要探索建立统一的集体土地入市标准、增值收益分配机制，将重庆农村土地交易所打造成为成渝地区双城经济圈的跨区域土地交易平台；制定统一的工业用地出让方式、出让年限、价格标准，创新土地使用方式；统一规划管理，联合建立低效闲置用地信息库，探索建立成渝地区双城经济圈建设用地、补充耕地指标跨区域统筹制度和交易机制。最后是推动能源市场一体化。我国政府要以电力、天然气为重点，建立错峰互济、跨域调节、互为备用等资源优化配置机制，共同争取国家区域性油气、可再生能源、非常规油气等能源项目布局；制定统一的行业标准和交易机制，完善跨区域的交易体系、监管体系、市场服务体系。

三是健全统一的信用体系。我国政府要完善企业、政府和社会组织信用记录，围绕信用承诺、分类监管、联合惩戒、信用修复、信用大数据开发利用等重点工作，组织开展行业信用建设和信用监管创新示范。首先是完善承诺制信任审批制度。我国政府要全面推广承诺制信任审批制度，加强公职人员诚信管理，把政务履约和守诺服务纳入政府绩效评价体系，打造"诚信双城经济圈"。其次是加强企业信用体系建设。我国政府要加快建立健全企业信用动态评价、守信激励和失信惩戒机制，引导企业树立诚信理念，弘扬诚信美德；不断完善企业信用基础数据库，健全企业信用信息征集、整合、记录、披露和使用制度，强化企业社会责任，推行企业产品标准、质量、安全自我声明和监督制度。最后是培育和规范信用服务市场。我国政府要加强信用服务产品开发应用，推动政务信用信息公开，并与社会信用信息实现共享，促进信用大数据开发利用；积极发挥市场机制作用，利用市场优化资源配置功能，通过采取合作、政府购买服务等多种方式，鼓励和调动社会力量广泛参与，增强市场主体信用风险意识，推动形成使用信用产品和服务的习惯和机制。

三、强化相关配套政策支撑

我国政府要完善财税、金融、人才等方面的配套支持政策，打好政策"组合拳"，增强政策的精准性、落地性、有效性，为成渝地区双城经济圈产业链供应链实现安全高效稳定发展，营造良好的政策生态环境。

一是强化财税政策支持。我国政府要发挥财政税收对产业链供应链安全稳定的促进作用，充分调动市场主体的创新积极性，集中优质资源合力推进重点产业链关键技术攻关，补强产业链薄弱环节。首先是推动财税征管一体化。我国政府要统一川渝两地企业所得税优惠政策，加快统一西部大开发税收优惠政策的执行口径，统一非税收入征收政策口径，构建成渝两地统一办税平台，推动成渝两地纳税人基础信息、税收资质、纳税信用评价互通互认，推动涉税事项成渝两地通办，营造各类企业平等准入的无差异投资环境。其次是加大财政资金支持力度。我国政府要加大川渝两地对重大、重点产业链项目及相应配套基础设施建设的财政专项资金支持力度，建立省级、市区级、县级三级财政支持体系，在国家政策规定范围内减免成渝两地承接鼓励类产业转移项目的各类税费。最后是积极争取国家资金支持。我国政府要争取中央通过加大转移支付力度以及安排中央预算内资金、专项建设基金等支持成渝两地开展交通建设、园区配套、能源保障等，鼓励国家开发银行等政策性银行对成渝两地产业转移承接、高新技术产业发展等给予政策性资金支持。

二是加大金融服务支持力度。我国政府要大力推进成渝西部金融中心建设，推动成渝两地金融合作，积极引进境内外各类金融机构，加强对成渝地区双城经济圈重点产业链的金融支撑，建立健全支持供应链顺畅对接的金融服务政策。首先是加强对重点产业链的金融支持。我国政府要聚焦成渝地区双城经济圈重点产业链项目，支持金融机构跨省域"联合授信"和银团贷款，完善股权、债券、融资租赁、资产证券化、融资担保、信用保险等金融工具；鼓励金融机构对产业链关键技术创新项目给予优先贷款或贴息贷款支持，联合成立成渝地区双城经济圈重点产业链关键技术创新协同发展基金，并撬动更多社会资金投入。其次是完善供应链金融服务功能。我国政府要围绕精准为供应链上、下游企业提供运营资金服务，加快推动成渝地区双城经济圈金融机构深度参与企业供应链合作，提高产业与金融之间的连通性和透明性，为成渝地区双城经济圈供应链注入稳定的金融资源支持；积极扩大对重点供应链企业的授信额度，鼓励金融机构结合重点产业链供应链特点开发信贷、保险等金融产品，加强供应链应收账款、订单、仓单和存货融资服务，为成渝地区双城经济圈供应链上、下游企业提供精准、多样的供应链金融服务。

三是强化创新创业和技术人才引育。我国政府要瞄准成渝地区双城经济圈产业链高质量发展需求，加快联合出台成渝地区双城经济圈重点产业链紧缺人才目录，建立成渝两地人力资源服务产业园联盟，兼顾创新创业高端人才与高技能技术人才，引才、育才、用才、留才。首先是加强领军和技术人才引进培育。我国政府要推动成渝两地建立健全专业技术人才职称互认机制，促进重庆英才卡和天府英才卡对等互认、服务共享，联合引育集聚一批优秀科学家、创新创业领军人才和团队；加强职业技工人才培育，制定分学科、分专业的应用型人才培养策略，鼓励跨国公司在成渝地区双城经济圈建立跨境人才培训总部，引导支持有条件的企业与有技术优势的院校联合开展订单式人才培养，壮大高水平工程师和高技能人才队伍。其次是营造"近悦远来"人才发展环境。我国政府要完善成渝两地户籍办理、子女入学、医疗保险、创业投资等方面"一站式"服务机制，为急需引进的各类人才提供良好工作和生活环境；严格落实适当放宽外国高层次人才和专业人才来渝入川工作制度，探索在工作许可、签证、工作居留和永久居留方面的便利措施，鼓励外籍科学家领衔参与成渝两地科技计划项目研究；培育优化科技人才编制岗位配置管理，强化用人单位评价主体地位，建立社会化、市场化的科技人才评价机制；鼓励企业对高层次、紧缺人才实行股权激励，并给予股权激励个人所得税分期纳税政策支持，吸引、凝聚和留住各类优秀人才为成渝地区双城经济圈产业高质量发展发挥才智。

第六章　成渝地区双城经济圈产业链高质量发展的保障措施

第一节　强化机制保障

我国政府要从成渝地区双城经济圈产业链供应链的迫切需求和长远发展出发，完善政府层面的工作机制，突出相应的制度建设，加强顶层设计、统筹协调和任务分工，加大对先进制造业、数字经济、现代服务业、现代高效特色农业等各板块产业链协作的统筹推进力度；强化组织领导保障机制，依托川渝党政联席会议、常务副省（市）长协调会议、联合办公室主任调度会议等深入研究产业链重大合作战略、确定全局性的产业重大合作事项，持续围绕产业链发展需要加强供应链、创新链、资金链、政策链、责任链的细化布局，健全发现问题、把脉会诊、破解问题以及长效常态的工作机制，定期研究解决、督促落实产业链安全发展领域重大合作事项；充分发挥推动成渝地区双城经济圈建设领导小组和专项合作工作组作用，科学制订和实施专项规划、方案和工作计划，加强政策供给，推动出台有针对性的措施，不断档、不脱节，形成各级各地目标一致、措施协同、行动同步的推进工作整体性格局；着力推动"链长"制工作机制在成渝地区双城经济圈的全面推广，进一步完善责任体系、压实责任链条，围绕市场主体跨区域转移、跨行业联合，探索建立重大项目、财政资金、GDP、税收等环节的成本共担和利益共享机制；统筹好区域要素市场化优化配置，实现成渝两地产业链有序衔接，推动成渝地区双城经济圈各地各部门主动融入产业链高质量安全发展大局，健全工作考核评价体系，加强对各产业链、各工作机制运行情况评估，从而形成深化成渝两地产业合作、推动产业链高质量发展的强大合力；着力转变政府职能，构建"亲""清"新型政商关系，进一步理顺政府与市场的关系，推动市场在优化资源配置中起决定性作用，从根本上破除制约发展的体制机制障碍，聚合政府、市场、社会力量促进产业链供应链融合发展。

第二节　强化政策保障

我国政府要围绕创新链与产业链精准对接、协同发展，构建完善的产业链供应链高质量发展政策体系；大力争取国家政策支持，重点争取国家支持自贸区、西部科学城、高新区、经开区等重大产业支撑平台共建共享，以及重大产业和基础设施项目向成渝地区倾斜；争取成立针对成渝地区双城经济圈的重点产业发展专项基金，制定出台促进成渝地区双城经济圈产业发展的负面准入清单，布局一体化的区域性资本要素市场和专业商业银行，强化产业创新政策支持体系；推动成渝两地共塑一体化产业发展制度框架，共同推动汽车、电子信息、装备制造等产业建圈强链和高效配置，加大人才支持政策的共享协调力度，联合提升创新创业服务支撑能力，进一步推动人才、资金、信息等资源要素跨区域顺畅流动；加强重大产业规划的统一衔接、产业政策的协同制定，强化重大项目协同招引；健全各项政策措施落实机制，精简政策兑现流程，加强知识产权保护等跨区域执法联动，在促进创新链与产业链融合上取得实效；深化细化配套政策体系，借鉴长江经济带产业基金的运作模式和经验，根据实际需求研究设立成渝地区双城经济圈产业链一体化发展基金，推动产业链与创新链耦合的重大工程、重点项目、重要任务的配置及落实，加强对重点产业项目、重大产业创新项目的联合资助；协同加强政策执行考核和绩效评估，督促政策落地落实，及时修正政策执行中的偏差，不断优化政策水平；探索完善成渝两地成本共担和利益共享政策保障体系，引导各地在产业转移、重大基础设施建设、园区共建等方面加强合作，强化要素市场化配置机制建设，共建共享产业链、创新链和价值链；完善企业层面的参与政策保障，吸引市场资本参与产业链协同发展，完善社会层面的协作机制，探索开展多领域跨区域合作的协作机制，最大范围凝聚成渝地区双城经济圈共建合力；加快构建有利于促进成渝地区双城经济圈产业链和创新链深度融合的体制机制，深化科技创新体制机制改革攻坚，探索与国际接轨的科技成果转化机制，为企业提供更加精准的指导和服务；通过协同制定包括产业、财政、金融、税收、公共服务、人才等多方面的政策措施，持续营造更高效、开放、有活力的产业高质量发展生态系统。

第三节　强化项目保障

我国政府要想推动成渝地区双城经济圈产业链高质量发展，就要抓好产业项目建设，加强重大产业规划的统一衔接，强化重大项目协同招引，推动形成产业发展新的增长点；强化项目储备，聚焦汽车、电子信息、高技术产业、科技创新等领域急需的重大项目进行梳理，争取布局一批新兴产业发展、高新科技应用的项目；建立健全各级政府与行业协会、商会、产业联盟以及检测认证等中介组织之间常态化、规范化联系，充分发挥中介组织熟悉行业、贴近企业的优势，深度融合"一带一路"建设和长江经济带发展，加强成渝地区双城经济圈与欧美日等发达国家和长三角、粤港澳大湾区等沿海发达地区在产业转移、产业分工、行业发展领域的广泛交流与合作；发挥好企业的招商作用，大力引进和承接与成渝地区双城经济圈资源禀赋相匹配的产业项目，特别注重引进总部经济以及智能化、信息化建设项目；创新招商工作机制，创新招商引资方式，建立完善全员招商工作机制，分产业组建产业招商小组，强化产业化、专业化、市场化招商，依托智博会、军博会、西洽会等，搭建更多智能制造合作交流平台，积极开展招商推介活动，推动产业链招商；强化项目调度，把握重要时间节点，加强签约项目跟踪服务，采用产业招商、龙头项目招商和以商招商等方式，大力吸引相关产业龙头企业的上、下游配套企业入驻，引进和培育链主型科技企业，大力发展新技术、新产品、新业态、新模式，集聚各类创新要素，推动各产业逐步形成完整的产业链条；加快在建项目推进建设，及时解决好项目实施中的突出问题，形成抓项目、促发展的良好氛围，推动项目尽早达产见效。

第四节　强化要素保障

我国政府要加强产业链高质量发展要素供给、项目安排、招商引资、科技创新、基础设施建设、体制创新、政策实施等方面支持，完善要素保障机制，加大企业用地、用电、用水、用气、物流、劳动力、资本、技术、数据等要素保障力度；强化成渝地区双城经济圈国土空间规划与产业发展布局的衔接融合，为未来产业发展预留充足的建设用地空间，强化产业项目用地保障；对产业开发特别是产业园区重大基础设施和公共服务设施建设用地纳入国土空间规划予以统筹安排，对主导产业、战略性新兴产业、科创类新型产业等合理用地给予倾斜支持，探索建立合规产业项目的快速供地通道；在符合国土空间规划和用途管制要求的前提下，探索增加混合产业用地供给，推动不同产业用地类型合理转换，打通低效用地和闲置土地二次开发的"障碍墙"；保障产业发展合理能耗需求，科学制定成渝地区双城经济圈重点产业"双碳"有关政策，明晰时间表、路线图，完善"双控"政策与产业规划布局、重大项目建设有效衔接制度，增强产业链上各环节能源消费弹性；强化资金保障，发挥财政性资金"四两拨千斤"的引导作用，围绕产业链部署资金链，统筹相关专项资金支持重点产业链建设；探索共同设立产业链高质量发展引导基金，构建成渝地区双城经济圈产业链投资大平台，促进各类产业基金更多向成渝地区双城经济圈内重点领域和产业链关键环节布局投资；强化融资需求保障，统筹银行、保险、证券、区域性股权交易市场、融资担保租赁、风投创投、基金等金融资源，积极构建覆盖重点产业链全链条、企业全生命周期的金融产品及服务机制，完善提升贷款风险补偿、应急转贷等机制，实现融资需求与金融供给精准匹配；紧扣产业链高质量发展构建人才链，根据成渝地区双城经济圈产业发展实际，完善急需紧缺人才目录，健全人才引进、培养、留用等人力资源服务机制，大力推行企业稳岗用工等政策措施，通过政策激励和资金扶持推动技术人才引进培养、产业工人招聘与产业发展、企业需求精准对接，提升人力资源保障水平。

第五节　强化服务保障

我国政府要积极推动建立成渝地区双城经济圈产业促进、创新创业、项目招商、投融资、法律服务、公共信息发布等服务平台，统筹政务信息系统和服务资源，强化负面清单式管理，大力提升产业链高质量发展服务水平；推动建立成渝地区双城经济圈重点产业链协调会议制度，用好产业链"链长"制的跟踪服务，及时发现产业发展、平台支撑、要素保障、技术创新、政策供给、对接合作等领域问题，定期召开专题会议协调解决产业链发展相关重大问题；聚焦产业链公共服务平台共性需求服务关键缺失部位，大力提升中介服务水平，加强创新研发、检测认证、中试孵化、电子商务、物流配送等平台服务能力提升，充分协调成渝地区双城经济圈内各方资源，清单化、功能化列表平台建设需求，推动各类服务平台统一布局、共建共享，在制定实施行业规划、产业政策、行业标准，开展技术改造、技术推广等领域为产业链高质量发展提供平台服务支撑；推动更多国有资本投向成渝地区双城经济圈内重点产业链技术创新、平台建设、新产品应用、转型升级等关键环节领域，深度融入和服务产业链建设；大力提升政务服务水平，以市场主体需求为导向，紧扣市场主体反映的难点、堵点问题，统筹政务信息系统和服务资源，优化政务服务全过程智能化功能，提升政务服务数字化水平，构建统一泛在的惠企政策服务入口，依托"一网通办"政务服务平台、企业服务云平台，设置惠企政策专区，提高办事效率和政务服务水平；持续深化商事登记制度改革，全面实施市场主体负面清单管理制度，推进新开办企业一网通、零成本，提升纳税、跨境贸易、保护中小投资者、知识产权、市场监管等方面的服务质量，营造稳定、公平、透明、可预期的良好环境；积极借力产业链发展的高水平智库和"外脑"，依托成渝两地高端咨询机构、智库和专家，探索打造产业链高质量发展战略咨询支撑力量，积极跟踪国内外产业链理论、政策和运行实践，研判产业链发展趋势和安全风险，提升战略咨询服务水平。

参考文献

陈昌兵，2018. 新时代我国经济高质量发展动力转换研究［J］. 上海经济
　研究（5）：16-24，41.

程恩富，张峰，2021. "双循环"新发展格局的政治经济学分析［J］. 求索
　（1）：108-115.

程宏伟，冯茜颖，张永海，2008. 资本与知识驱动的产业链整合研究：以
　攀钢钒钛产业链为例［J］. 中国工业经济（3）：143-151.

崔晓敏，熊婉婷，杨盼盼，等，2022. 全球供应链脆弱性测度：基于贸易
　网络方法的分析［J］. 统计研究，39（8）：38-52.

方福前，2017. 寻找供给侧结构性改革的理论源头［J］. 中国社会科学
　（7）：49-69，205.

符正平，叶泽樱，2021. 大国博弈下全球供应链的中断风险与"备胎"管
　理：基于华为公司的案例［J］. 江苏社会科学（4）：111-119.

高培勇，袁富华，胡怀国，等，2020. 高质量发展的动力、机制与治理
　［J］. 经济研究，55（4）：4-19.

高运胜，杨阳，2020. 全球价值链重构背景下我国制造业高质量发展目标
　与路径研究［J］. 经济学家（10）：65-74.

葛琛，葛顺奇，陈江滢，2020. 疫情事件：从跨国公司全球价值链效率转
　向国家供应链安全［J］. 国际经济评论（4）：67-83，6.

龚勤林，2004. 区域产业链研究［D］. 成都：四川大学.

苟文峰，2021. 产业链现代化的历史演变、区域重构与人才支撑研究：以
　重庆为例［J］. 宏观经济研究（7）：79-88.

郭克莎，杨阚，2017. 长期经济增长的需求因素制约：政治经济学视角的
　增长理论与实践分析［J］. 经济研究，52（10）：4-20.

贺俊，2020. 从效率到安全：疫情冲击下的全球供应链调整及应对 [J].
学习与探索 (5)：79-89，192.

洪银兴，2019. 改革开放以来发展理念和相应的经济发展理论的演进：兼
论高质量发展的理论渊源 [J]. 经济学动态 (8)：10-20.

洪银兴，2021. 政治经济学视角的新发展格局 [J]. 马克思主义与现实
(1)：7-11，203.

洪勇，苏敬勤，2007. 发展中国家核心产业链与核心技术链的协同发展研
究 [J]. 中国工业经济 (6)：38-45.

黄群慧，2016. 论中国工业的供给侧结构性改革 [J]. 中国工业经济 (9)：
5-23.

黄群慧，2020. 以产业链供应链现代化水平提升推动经济体系优化升级
[J]. 马克思主义与现实 (6)：38-42.

黄群慧，2021. "双循环" 新发展格局：深刻内涵、时代背景与形成建议
[J]. 北京工业大学学报 (社会科学版)，21 (1)：9-16.

黄速建，肖红军，王欣，2018. 论国有企业高质量发展 [J]. 中国工业经
济 (10)：19-41.

江小涓，2010. 大国双引擎增长模式：中国经济增长中的内需和外需 [J].
管理世界 (6)：1-7.

江小涓，孟丽君，2021. 内循环为主、外循环赋能与更高水平双循环：国
际经验与中国实践 [J]. 管理世界，37 (1)：1-19.

蒋国俊，蒋明新，2004. 产业链理论及其稳定机制研究 [J]. 重庆大学学
报 (社会科学版) (1)：36-38.

金碚，2007. 产业新时期、经济全球化条件下的产业安全问题 [J]. 中国
国情国力 (12)：9.

金碚，2018. 关于 "高质量发展" 的经济学研究 [J]. 中国工业经济
(4)：5-18.

景玉琴，2004. 产业安全概念探析 [J]. 当代经济研究 (3)：29-31.

靖学青，2000. 大国经济发展模式与中国经济增长的主要支撑点 [J]. 上
海经济研究 (5)：23-28.

李金昌，史龙梅，徐蔼婷，2019. 高质量发展评价指标体系探讨 [J]. 统
计研究，36 (1)：4-14.

李善民，陈玉罡，辛宇，2010. 并购的价值创造、产业重组与经济安全国

际会议综述［J］. 管理世界（1）：157-161.

林毅夫，李永军，2003. 出口与中国的经济增长：需求导向的分析［J］. 经济学（季刊）（3）：779-794.

刘纯霞，陈友余，马天平，2022. 全球供应链外部中断风险缓释机制分析：数字贸易的视角［J］. 经济纵横（7）：60-68.

刘贵富，赵英才，2006. 产业链：内涵、特性及其表现形式［J］. 财经理论与实践（3）：114-117.

刘鹤，2020-11-25（06）. 加快构建以国内大循环为主体、国内国际双循环相互促进的新发展格局［N］. 人民日报.

刘伟，2016. 经济新常态与供给侧结构性改革［J］. 管理世界（7）：1-9.

刘易斯，1983. 经济增长理论［M］. 周师铭，等译. 北京：商务印书馆.

刘奕，夏杰长，2018. 推动中国服务业高质量发展：主要任务与政策建议［J］. 国际贸易（8）：53-59.

刘志彪，2018. 理解高质量发展：基本特征、支撑要素与当前重点问题［J］. 学术月刊，50（7）：39-45，59.

刘志彪，2019. 产业链现代化的产业经济学分析［J］. 经济学家（12）：5-13.

刘志彪，2021-01-05（007）. 增强产业链供应链自主可控能力［N］. 经济参考报.

刘志彪，张杰，2007. 全球代工体系下发展中国家俘获型网络的形成、突破与对策：基于 GVC 与 NVC 的比较视角［J］. 中国工业经济（5）：39-47.

卢福财，胡平波，2008. 全球价值网络下中国企业低端锁定的博弈分析［J］. 中国工业经济（10）：23-32.

卢明华，李国平，2004. 全球电子信息产业价值链对我国的其实［J］. 北京大学学报（哲学社会科学版）（4）：63-69.

鲁保林，王朝科，2021. 畅通国民经济循环：基于政治经济学的分析［J］. 经济学家（1）：15-23.

陆江源，相伟，谷宇辰，2022. "双循环"理论综合及其在我国的应用实践［J］. 财贸经济，43（2）：54-67.

罗仲伟，孟艳华，2020. "十四五"时期区域产业基础高级化和产业链现代化［J］. 区域经济评论（1）：32-38.

马克思, 1972. 资本论: 第 3 卷 [M]. 中共中央马克思恩格斯列宁斯大林
　　著作编译局, 译. 北京: 人民出版社.

马永伟, 黄茂兴, 2018. 中国对外开放战略演进与新时代实践创新 [J].
　　亚太经济 (4): 74-83, 151.

欧阳峣, 2014. 大国经济发展理论 [M]. 北京: 中国人民大学出版社.

逢锦聚, 2020. 深化理解加快构建新发展格局 [J]. 经济学动态 (10):
　　3-11.

齐兰, 2009. 垄断资本全球化对中国产业发展的影响 [J]. 中国社会科学
　　(2): 83-97.

钱学锋, 裴婷, 2021. 国内国际双循环新发展格局: 理论逻辑与内生动力
　　[J]. 重庆大学学报 (社会科学版), 27 (1): 14-26.

任保平, 2018. 新时代高质量发展的政治经济学理论逻辑及其现实性 [J].
　　人文杂志 (2): 26-34.

芮明杰, 郁义鸿, 任江波, 2006. 论产业链的整合 [M]. 上海: 复旦大学
　　出版社: 5-13.

萨米尔·阿明, 1990. 不平等的发展 [M]. 高铦, 译. 北京: 商务印书馆.

盛朝迅, 2019. 推进我国产业链现代化的思路与方略 [J]. 改革 (10):
　　45-56.

苏庆义, 2021. 全球供应链安全与效率关系分析 [J]. 国际政治科学, 6
　　(2): 1-32.

孙瑞华, 2005. 贸易自由化条件下影响我国产业安全的环境因素分析 [J].
　　经济体制改革 (6): 16-20.

汤铎铎, 刘学良, 倪红福, 等, 2020. 全球经济大变局、中国潜在增长率
　　与后疫情时期高质量发展 [J]. 经济研究, 55 (8): 4-23.

童有好, 1999. 大国经济浅论: 兼谈我国的经济发展战略 [J]. 经济体制
　　改革 (3): 24-28, 134.

汪素芹, 2005. 中国对外贸易发展中的产业安全问题 [J]. 国际经贸探索
　　(4): 9-12.

王丽华, 孟菲, 孙锋, 2008. 外资并购的对策分析: 基于产业安全的视角
　　[J]. 现代经济 (8): 61-63.

王一鸣, 2020. 百年大变局、高质量发展与构建新发展格局 [J]. 管理世
　　界, 36 (12): 1-13.

魏敏，李书昊，2018. 新时代中国经济高质量发展水平的测度研究 [J].
　　数量经济技术经济研究，35（11）：3-20.

魏然，2010. 产业链的理论渊源与研究现状综述 [J]. 技术经济与管理研
　　究（6）：140-413.

吴金明，邵昶，2006. 产业链形成机制研究："4+4+4"模型 [J]. 中国工
　　业经济（4）：36-43.

吴彦艳，2009. 产业链的构建整合及升级研究 [D]. 天津：天津大学.

夏兴园，王瑛，2001. 国际投资自由化对我国产业安全的影响 [J]. 中南
　　财经政法大学学报（2）：37-41.

辛岭，安晓宁，2019. 我国农业高质量发展评价体系构建与测度分析 [J].
　　经济纵横（5）：109-118.

徐奇渊，2020. 双循环新发展格局：如何理解和构建 [J]. 金融论坛，25
　　（9）：3-9.

杨公朴，王玉，朱舟，等，2000. 中国汽车产业安全性研究 [J]. 财经研
　　究（1）：22-27.

郁义鸿，2005. 产业链类型及产业链效率基准 [J]. 中国工业经济（11）：
　　35-42.

曾剑秋，丁珂，2007. 内外经济循环理论与大国经济发展策略 [J]. 北京
　　邮电大学学报（社会科学版）（3）：42-48.

张碧琼，2003. 国际资本扩张与经济安全 [J]. 中国经贸导刊（6）：
　　30-31.

张军扩，侯永志，刘培林，等，2019. 高质量发展的目标要求和战略路径
　　[J]. 管理世界，35（7）：1-7.

张涛，2020. 高质量发展的理论阐释及测度方法研究 [J]. 数量经济技术
　　经济研究，37（5）：23-43.

张宇燕，2019. 理解百年未有之大变局 [J]. 国际经济评论（5）：9-
　　19，4.

赵娴，2005. 开放经济下的产业安全问题探析 [J]. 中国流通经济（5）：
　　23-26.

中国社会科学院工业经济研究所课题组，张其仔，2021. 提升产业链供应
　　链现代化水平路径研究 [J]. 中国工业经济（2）：80-97.

ACEMOGLU D, CARVALHO V M, OZDAGLAR A, et al., 2012. The

network origins of aggregate fluctuations [J]. Econometrica, 80 (5): 1977-2016.

ANTRàS P, 2003. Firms, contracts, and trade structure [J]. Quarterly journal of economics, 118: 1375-1418.

BEMS R, JOHNSON R C, YI K M, 2013. The great trade collapse [J]. Annual review of economics, 5 (1): 375-400.

BRICONGNE J C, FONTAGNE L, GAULIER G, et al., 2012. Firms and the global crisis: french exports in the turmoil [J]. Journal of international economics, 87 (1): 134-146.

CARVALHO V M, NIREI M, SAITO Y U, et al., 2021. Supply chain disruptions: evidence from the great east Japan earthquake [J]. The quarterly journal of economics136 (2): 1255-1321.

CARVALHO V M, TAHBAZ - SALEHI A, 2019. Production networks: a primer [J]. Annual review of economics, 11: 635-663.

CARVALHO V M, TAHBAZ - SALEHI A, 2019. Production networks: a primer [J]. Annual review of economics, 11: 635-663.

CARVALHO V, GABAIX X, 2013. The great diversification and its undoing [J]. American economic review, 103 (5): 1697-1727.

CASELLI F, KOREN M, LISICKY M, et al., 2020. Diversification through trade [J]. Quarterly journal of economics, 135 (1): 449-502.

CASS D, 1965. Optimum growth in an aggregate model of capital accumulation [J]. Review of economic studies, 32: 233-240.

DIXIT A K, STIGLITZ J E, 1977. Monopolistic competition and optimum product diversity [J]. American economic review, 67: 297-308.

DUTT A K, 1984. Stagnation, Income distribution and mono-poly power [J]. Cambridge journal of economics, 8 (1): 25-40.

DUTT A K, 1990. Growth distribution and uneven development [M]. Cambridge: Cambridge University Press.

GEREFFI G, 2020. What does the COVID-19 pandemic teach us about global value chains? The case of medical supplies [J]. Journal of international business policy, 3 (3): 287-301.

GIRARDI D R, PARIBONI, 2016. Long-run effective demand in the US economy: an empirical test of the sraffian super-multiplier model [J]. Review of political economy, 28 (4): 523-544.

HARAGUCHI M, LALL U, 2015. Flood risks and impacts: a case study of thailand's floods in 2011 and research questions for supply chain decision making [J]. International journal of disaster risk reduction, 14: 256-272.

HARRISON J S, HALL E H, NARGUNDKAR R, 1993. Resource allocation as an outcropping of strategic consistency: performance implications [J]. Academy of management journal, 36: 1026-1051.

KALDOR N, 1957. A model of economic growth [J]. Economic journal, 67 (268): 591-624.

KITANO S, 2011. Capital controls and welfare [J]. Journal of macroeconomics, 33 (4): 700-710.

KRUGMAN P R, 1979. Increasing returns, monopolistic competition, and international trade [J]. Journal of international economics, 9 (4): 469-479.

KRUGMAN P R, 1980. Scale economies, product differentiation, and the pattern of trade [J]. American economic review, 70 (5): 950-959.

KURZ H D, 1994. Growth and distribution [J]. Review of political economy, 6 (4): 393-420.

LINDER S B, 1961. An essay on trade and transformation [M]. Stockholm: Almqvist & Wiksell.

LUCAS R E, 1988. On the mechanics of economic development [J]. Journal of monetary economics, 22: 3-42.

MELITZ M J, 2003. The impact of trade on intra-industry reallocations and aggregate industry productivity [J]. Econometrica, 71 (6): 1695-1725.

MORAN J, 2005. Tropical dairy farming, feeding management for small holder farmers in the humid tropics [M]. Melbourne: Landlinks Press, CSIRO.

PORTER M E, 1985. Competitive advantage: Creating and sustaining superior performance [M]. London: The free Press.

PREBISCH R, 1962. The economic development of latin America and its principal problems [J]. Economic bulletin for latin America, 7 (1): 1-17.

ROBINSON J, 1962. Essays in the theory of economic growth [M]. London: The Macmillan Press.

ROMER P M, 1986. Increasing returns and long-run growth [J]. Journal of political economy, 94: 1002-1037.

ROWTHORN B, 1981. Demand, real wages and economic growth [J]. Thames papers in political ecomomy: 1-39.

SHIH W, 2020. Is it time to rethink globalized supply chains? [J]. MIT sloan management review, 61 (4): 1-3.

SOLOW R M, 1956. A contribution to the theory of economic growth [J]. Quarterly journal of economics, 70: 65-94.

STEVENS, GRAHAM, 1989. Integrating the supply chain [J]. International journal of physical distribution and material management, 19 (8): 3-8.

VERNON R, 1966. International investment and international trade in the product cycle [J]. The quarterly journal of economics, 80: 190-207.

WANG Z, WEI S J, YU X, et al., 2017. Characterizing global value chains: production length and upstreamness [J]. NBER working paper, 23261: 1-23.

附录一　国内外有关产业链供应链安全发展经验

一、国外维护产业链供应链安全经验

（一）美国

美国是最先提出以维护国家安全为目标并系统实施供应链国家战略的发达国家。美国的供应链政策主要关注国防安全、民生安全、国际贸易等重要领域，确保重点领域的关键产品和物料的稳定供应。2005年以来，美国的产业链供应链政策逐渐向维护国家安全方向倾斜。2012年1月，美国时任总统奥巴马签署《全球供应链安全国家战略》，提出全球供应链系统是对美国经济和安全"至关重要的资产"，同时提出"促进商品的高效与安全运输"和"培养具有弹性的供应链"两大战略目标，将供应链政策上升到国家战略层面。2017年12月，美国时任总统特朗普签署《国家安全战略报告》，提出建立安全、健康、富有弹性的供应链，维护本国供应链的完整性。2021年2月，美国总统拜登签署行政命令，提出"多样化和安全的供应链"是经济繁荣的基础，必须重建国内制造能力以建设"具有弹性的供应链"。美国关于供应链安全的相关举措可以总结为以下四个方面：

1. 强化供应链安全风险预警

美国政府相关部门利用供应链风险管理技术和方法对关键领域的产品、基础设施等资源进行评估，识别不同领域供应链面临的安全风险。例如，国土安全部、美中经济安全审查委员会、联邦通信委员会等部门发布《美国信息和通信技术产业供应链风险评估》《美国联邦信息通信技术中来自中国供应链的脆弱性分析》等报告，对信息和通信技术领域的供应链风险进行评估和预警。

2. 增加供应链弹性

美国政府通过增加产品和物资储备，以及鼓励本土企业专注于国内供应链弹性等手段提高国防工业和高端制造业等重点领域供应链稳定性。2017 年，美国时任总统特朗普签署《评估和强化制造与国防工业基础及供应链弹性》行政令，在造船、飞机、太空、弹药和导弹、核物质弹头等 9 个国防领域，以及电子工业、网络安全、机床工控、材料、软件工程等 7 个先进制造业领域提出加强供应链弹性计划。2022 年，《芯片和科学法》授权了一项奖励试点计划，为中小型制造商提供专注于国内供应链弹性、劳动力发展和采用先进技术升级的服务，提升美国本土供应商能力和产能。

3. 推动供应链安全法制化

美国联邦政府采购政策委员会出台实施《联邦采购条例》，详细规定联邦政府的采购合同和各环节监督监管内容，引导美国各级政府部门有序、高效地进行采购活动，从源头确保供应链安全。同时，在一些特定领域，美国政府也出台了多项有关供应链安全的法案。例如，美国国会推出的《药品供应链安全法案》，旨在减少对国外关键药品的依赖，要求在美国食品药品监督管理局现有短缺药品清单上加入高危人群需使用的药品，还要求美国国防部和国土安全部评估药品供应链的漏洞和国家安全风险。

4. 加强供应链安全国际合作

美国政府通过与其他国家签订供应链合作框架和协议，提升供应链安全水平。2012 年，美国和日本共同发布《美日全球供应链联合声明》，提出更好地解决包括地震等自然灾害和恐怖袭击等人为灾害在内的不确定因素对经济繁荣和全球供应链安全造成的不利影响，加强供应链安全领域的协作。2021 年，美日政府宣布将合作保障半导体等战略科技供应链的安全，并在半导体研究、开发和生产领域进行分工合作。2022 年，美国与英国、日本等国召开供应链部长级论坛，制定了全球供应链合作原则，推动政府、工业界等利益相关方建立合作关系，以更好地理解和管理供应链安全风险。

（二）英国

英国政府十分重视本国供应链安全。2013 年，英国政府发布的报告《制造业的未来：英国面临的机遇与挑战》指出，全球供应链的波动和脆弱会对英国先进制造业的未来发展产生深远影响，英国政府应当积极帮助英国企业应对全球供应链带来的风险和挑战。2015 年，英国政府出台《加强英国制造业供应链政府和产业行动计划》，推动制造业供应链可持续发展上升为国家战略。2023 年，英国发起 10 亿英镑半导体支持计划，提升英国在芯片设计研发和化合物半导体方面的优势，防止供应链中断，保障供应链和国家安全。英国关于供应链安全的相关举措可以总结为以下四个方面：

1. 推动供应链创新与合作

英国政府通过制订"灵活制造"计划，鼓励制造业企业研发和应用新的供应链生产线，支持供应链上、下游企业协同合作，推动供应链流程创新。英国政府支持企业通过物联网、互联网等新一代信息技术与上、下游企业实现信息共享，推动数字化、智能化技术在供应链各个环节的应用，促进供应链技术创新。此外，英国政府还通过支持供应链上、下游企业在人才招聘、培训等方面加强合作，提升供应链的整体协同水平。例如，英国政府通过"制造业咨询服务（MAS）"项目向国内企业的供应链部门提供专项人力资源培训资金。

2. 拓宽供应链融资渠道

英国政府计划将国内商业银行打造成为"经济发展银行"，为符合条件的中小微企业提供融资贷款解决方案，同时通过设立专项贷款基金为中小微企业提供全面的供应链金融服务。英国政府还通过与大型制造企业合作发展供应链金融，构建"商业银行—中小微供应商—核心制造企业"三方协作的供应链金融体系，重点帮助中小微企业以较低成本获取银行资金，改善企业尤其是中小微供应链资金流。此外，英国政府陆续出台一系列政策，通过公开失信企业信息、强制逾期付款的企业支付利息、支持第三方供应链服务企业开展供应链金融业务等方式，来解决供应链账期拖欠、流动资金不足等问题。

3. 提升供应链内中小微企业竞争力

英国政府通过推行"商务发展服务"计划，促进国内政府部门与原始设备制造商、供应链核心企业开展合作，为供应链内的中小微企业制订供应链改进方案，并为中小微企业创造更多的发展机会。同时，英国政府还大力支持汽车、铁路、航空、能源等重点领域的行业协会建设先进的供应链标准框架，为中小微企业制订最佳的供应链实践方案，推动供应链内中小微企业的竞争力稳步提升。

4. 搭建供应链信息交流平台

英国政府鼓励和支持各领域的行业协会为企业参与供应链合作搭建信息交流平台。例如，英国政府推行的"商务发展服务"计划，为原始设备制造商、大型供应商以及其他供应链中小微企业搭建信息交流平台，通过向产品或服务的需求方和供给方提供非正式咨询服务，促进供应链上、下游企业在采购、生产、销售等环节的高效匹配。此外，英国政府还致力于推动不同领域之间的企业开展供应链管理经验和典型案例的分享及交流，提升企业的供应链管理水平。

英国政府出台的《加强英国制造业供应链政府和产业行动计划》主要内容见附表1。

附表1　英国政府出台的《加强英国制造业供应链政府和产业行动计划》主要内容

关键词	政策举措
创新	①为"弹射中心"等技术研发平台提供财政补贴，支持研发关键供应链中的重要产品； ②投资数亿英镑，支持包括16所顶尖大学在内的科研机构进行基础科学研究； ③制订企业研发税收抵免计划，抵免额度达数十亿英镑； ④政企合作投资建设重点领域的技术推进中心； ⑤实施"先进制造业供应链"计划，提高制造企业供应链协同创新水平； ⑥实施"供应链领导力设计"计划，帮助企业进行供应链业务流程改造
标准化	①英国标准协会、国际清算银行和"高价值制造业弹射中心"协作建立先进以及制造业领域的供应链标准框架； ②由行业协会主导、政府部门参与，在重要领域形成全行业采购行为准则和供应链标准
技能培训	①"雇主所有权基金"项目帮助企业培训供应链管理部门的员工； ②"先进制造业供应链"计划以及"制造咨询服务""区域增长基金"等政府项目为英国企业提升供应链管理技能提供资金支持

关键词	政策举措
供应链融资渠道	①政府部门与大型企业、行业领导者合作，共同发展供应链金融，鼓励企业广泛利用供应商资金，丰富信贷选择； ②制定《小企业、企业和就业法案》，要求上市公司提供透明、公开的付款信息，减小中小供应商资金压力，同时制定供应链票据融资的合同规定； ③设立"国家工具贷款"，解决供应链情境下的账期问题，加速上游供应商资金周转； ④"高价值制造业弹射中心"和商业银行合作，为中小企业提供供应链金融产品； ⑤出台"公共合同条例""供应链支付章程"等法律条义，明确各行业供应链中付款实现、利息基准、延迟支付的责任，降低资金流运行风险
供应链协作	①构建供应链业务合作平台，提升供应链上、下游采购和交易的匹配度； ②组织开展企业区域研讨会，分享不同部门行业供应链管理最佳实践； ③推出英国供应链在线网站，为制造和供应商提供供应链交易信息和管理建议
弹性供应链	①帮助企业获取大规模海外采购项目、发展海外合作伙伴，降低企业面临的供应链中断风险； ②在汽车、生命科学和海上风电等关键领域成立投资公司，扶持本国企业发展，减少对海外进口的依赖性； ③为出口企业提供流动资金融资，提升进入全球供应链的能力； ④大规模引进海外企业在英国投资并对外出口

（三）欧盟

欧盟通过制定供应链政策推动区域经济的稳定协调发展，注重保障各成员国的供应链安全。欧盟在制造业、农业、能源、环保、物流、海关等多个领域都建立了相应的供应链协商和处理机制，其中既有强制执行的行政性指令，也有引导性的报告和说明。欧盟关于供应链安全的相关举措可以总结为以下四个方面：

1. 保障各成员的供应链安全

欧盟积极保障各成员在重要原材料、技术创新与应用等领域的供应链安全。2013 年，欧盟发布《欧洲议会、欧洲理事会和欧洲经济社会委员会关于海关风险管理和供应链安全的协商意见》，明确欧盟海关处理国际贸易供应链风险时应尽的职责和具体实施方法。2017 年，欧洲议会和欧洲理事会通过《冲突矿产规则》，对锡、钽、钨及其矿物和来自冲突地区、高风险地区的欧盟进口商进行供应链尽职调查。2020 年，欧盟推出"欧洲电子芯片和半导体产业联盟"计划，构建先进的欧洲芯片设计和生产能力。2021 年，欧盟决定加大对原材料、电池等低碳工业，制药、氢能、半导体、云计算等涉及欧洲共同利益的重点产业和重要项目的投入力度，提高相关产业链供应链的本地化、国产化比重，降低技术创新与应用领域对外市场和供应链的依赖程度。

2. 推动构建绿色供应链

欧盟制定推行较为严格的绿色供应链法令。欧盟委员会出台《净零工业法案》《绿色协议产业计划》等一系列法案，旨在健全监管框架，完善绿色技术生产的投资环境，推动欧盟工业绿色化转型发展。欧盟内部多个成员也通过相关政策推动构建绿色供应链，如德国出台了《循环经济与废弃物管理法》《国家氢能战略》等一系列政策，其中《循环经济与废弃物管理法》明确了企业的延伸责任制，要求企业对生产、消费、回收，以及最终的无害化处置等供应链环节全面负责；《国家氢能战略》将绿氢确定为低碳工业原料，并提出扩大氢的生产和使用。法国出台的《绿色产业法案》提出提供专项工业用地、简化审批程序、培养产业工人等多项措施，支持国内绿色科技产业发展，意图重振法国工业，使法国成为欧洲的减碳大国。

3. 打造智能化供应链

欧盟重点围绕大数据、人工智能、云计算等新一代信息技术的应用，大力推动制造业供应链的数字化和智能化。欧盟推出"通往数字十年之路"计划，强调数字化转型发展对欧盟经济复苏、安全、社会福祉的重要性，通过推行数字政策、建设数字主权，实现包容、可持续的数字化、智能化发展。荷兰是欧盟人均人工智能初创公司密度最高的国家，荷兰政府相继推出《人工智能战略行动计划》《数字化战略》等一系列政策，为初创企业提供融资与信贷计划，鼓励企业应用人工智能和数字技术，打造便利、安全、高效和完整的智能供应链。德国出台《保障德国制造业的未来：德国工业 4.0 战略实施建议》，提出将数字化、网络化、智能化技术深度融入制造业生产过程中，实现低成本、高品质、定制化生产，同时通过构建数字化信息系统推动制造业务流程动态化，提升供应链智能化管理水平。

二、国内优化稳定产业链供应链经验

（一）建立产业链"链长制"

为优化稳定产业链供应链，推动产业链高质量发展，国内绝大多数省份均建立了"链长制"机制。2017年，湖南省长沙市召开全市产业链工作大会，提出在全省省级以上园区设立产业链推进办公室，成立产业链推进团队，首次推出产业链"链长制"。2019年，浙江省商务厅发布《关于开展开发区产业链"链长制"试点，进一步推进开发区创新提升工作的意见》，要求各开发区确定一条特色明显、有较强国际竞争力、配套体系较为完善的产业链作为试点，并在全省各地开发区大范围全面系统实施。2020年，国务院发布《中国（浙江）自由贸易试验区扩展区域方案》，首次在国家层面提及产业链"链长制"，要求建立产业链"链长"制责任体系，提升产业链"补链"能力。随后，广东、河南、江西、重庆、四川等多个省份正式宣布建立实施"链长制"，全面推进产业链集群建设。

（二）优化重点产业链布局

国内大部分省份都将战略性新兴产业作为产业链供应链布局建设的重点领域，各省份依托自身区位条件和要素资源禀赋优势，聚焦强链补链构建产业链集群。例如，广东省通过推行"立柱工程""优化布局工程""强链工程"，打造新一代电子信息、先进材料、绿色石化、汽车产业、智能家电等十大万亿级战略性支柱产业集群，以及半导体与集成电路、智能机器人、前沿新材料、高端装备制造、新能源、区块链与量子信息等十大高成长性战略性新兴产业集群，并结合各地区资源和产业发展基础，有序推进"双十"产业链协同布局，减少同质化竞争；浙江省立足产业发展基础，培育地区特色产业链集群，重点打造新一代信息技术、现代消费与健康、高端装备、绿色石化与新材料等万亿级世界级先进产业链集群，以及集成电路、高端软件、数字安防与网络通信、智能光伏、机器人与数控机床等千亿级产业链集群。

（三）发挥龙头企业引领作用

国内部分省份较为注重发挥龙头企业在稳定产业链供应链中的关键作用，通过龙头企业带动相关上、下游企业联动协同发展，畅通产业链供应链循环。例如，2020年以来，江苏省聚焦重点支柱产业、战略新兴产业、先进制造业集群，系统梳理500余家"链主"型企业清单，发挥龙头企业的引领和带动作用，协调推动 1 500 余家产业链供应链相关配套企业复工复产；浙江省深入实施"雄鹰""凤凰"行动，支持产业链竞争力和控制力较强的龙头企业做大做优，推动龙头企业通过原材料供应、订单生产、专业分工等形式带动省内制造业企业进入其供应链或采购系统，加大对相关配套企业的产品采购力度，更好发挥龙头企业作为产业链供应链中心节点作用，全面激活贯通整个产业链供应链条，构建完整的产业链合作生态，优化提升产业链供应链发展水平。

（四）注重数字技术赋能

浙江省数字化发展水平较高，位居全国首位。2022 年，浙江省数字经济规模占 GDP 比重超过 50%，数字经济核心产业增加值达到 8 977 亿元，产业数字化指数连续 3 年位居全国第一。浙江省数字经济发展起步较早。2016 年，浙江省实施《浙江省"互联网+"行动计划》《浙江省促进大数据发展实施计划》，通过设立数字经济产业基金、成立大数据发展管理局、打造"无人车间"和"无人工厂"、实施园区数字化改造等方式，大力发展数字经济，推动传统产业转型升级。2019 年，浙江省将数字经济作为全省"一号工程"，通过构建"1+N"工业互联网平台体系推动制造业数字化转型，创新跨境电商、移动支付、共享经济等新业态新模式推动服务业数字化转型，促进数字技术与农业生产深度融合等方式，提升产业链供应链现代化水平。

（五）重视产业链精准招商

国内尤其是沿海地区等较为发达的省份，更为注重以强链、补链、延链、稳链为目标的产业链供应链精准招商。例如，江苏省各地区深入贯彻"产业链上缺什么，当地就招什么"的精准靶向招商理念，其中苏州市围绕电子信息、生物医药、化工、智能制造等主导产业，聚焦产业链薄弱环节紧抓关键企业招商，制定"苏州产业链全球合作对接图"，强化当地企业与全球企业供需对接；南通市运用基金招商、驻点招商、科技招商等模式，深耕京津冀、珠三角、长三角等发达地区，聚焦电子信息、高端装备制造、新材料等传统优势产业，紧扣生命安防、海上风电两大特色产业以及生命健康、泛半导体两大新型板块，推进"科技招商+资本招商"，通过发布产业图谱"云招商"、开展"小而精"的敲门招商等方式，全方位捕获项目信息，挖掘更多重要产业链资源。

附录二　国家出台的相关政策

工业和信息化部等五部门
关于印发《制造业可靠性提升实施意见》的通知

工信部联科〔2023〕77号

各省、自治区、直辖市及新疆生产建设兵团工业和信息化、教育、科技、财政、市场监管主管部门，有关行业协会：

现将《制造业可靠性提升实施意见》印发给你们，请认真贯彻落实。

工业和信息化部

教育部

科学技术部

财政部

国家市场监督管理总局

2023年6月2日

制造业可靠性提升实施意见

可靠性是产品在规定的条件下和规定的时间内完成规定功能的能力，是反映产品质量水平的核心指标，贯穿于产品的研发设计、生产制造和使用全过程。经过多年探索发展，我国制造业可靠性取得显著成效，但与国外先进水平仍有较大差距，产业基础存在诸多短板弱项，关键核心产品可靠性指标尚待提升，管理和专业人才保障能力不足，成为掣肘我国制造业迈向中高端的突出问题。为提升制造业可靠性水平，实现制造业高质量发展，现提出以下意见。

一、总体要求

（一）指导思想

坚持以习近平新时代中国特色社会主义思想为指导，全面贯彻党的二十大精神，完整、准确、全面贯彻新发展理念，加快构建新发展格局，统筹发展和安全，落实制造强国、质量强国建设要求，全面推进新型工业化，提升产业链供应链韧性和安全水平，强化可靠性技术攻关，发挥标准的引领作用，加强全面质量管理，推动数字化智能化赋能，提高试验验证能力，加快人才队伍培养，不断提升制造业产品可靠性，为提高企业核心竞争力和品牌影响力、建设现代化产业体系、实现制造业高质量发展打下坚实质量基础。

（二）基本原则

——政府引导、企业主体。坚持有效市场和有为政府相结合，在制造业可靠性提升中发挥市场对资源配置的决定性作用，更好发挥政府行业指导、市场监管作用，增强企业全员全过程质量安全与可靠性意识，强化企业市场主体地位，推动企业落实质量主体责任，营造良好发展环境。

——聚焦重点、精准施策。坚持问题导向和目标导向相结合，分行业、分产业链梳理可靠性问题，发挥整机企业龙头作用，加强整机系统可靠性设计和管理，按产业链制定并传导可靠性指标和要求。聚焦核心基础零部件和元器件，促进产业链、创新链、价值链融合，借鉴可靠性先进经验，着力突破重点行业可靠性短板弱项，推动大中小企业"链式"发展。

——夯实基础、持续创新。加强可靠性前沿基础研究和标准制定，推动产业技术基础能力建设。促进新一代信息技术与可靠性工程深度融合，发挥生产装备数字化和产品智能化对可靠性的赋能作用，强化可靠性创新成果在工业基础和质量工程中的应用。

——加强协同、系统推进。做好顶层设计，加强央地联动，畅通跨部门、跨行业、跨区域协作。充分发挥行业协会、高等院校及专业机构的作用，为制造业可靠性提升持续提供全面服务支撑。

（三）主要目标

围绕制造强国、质量强国战略目标，聚焦机械、电子、汽车等重点行业，对标国际同类产品先进水平，补齐基础产品可靠性短板，提升整机装备可靠性水平，壮大可靠性专业人才队伍，形成一批产品可靠性高、市场竞争力强、品牌影响力大的制造业企业。

到 2025 年，重点行业关键核心产品的可靠性水平明显提升，可靠性标准体系基本建立，企业质量与可靠性管理能力不断增强，可靠性试验验证能力大幅提升，专业人才队伍持续壮大。建设 3 个及以上可靠性共性技术研发服务平台，形成 100 个以上可靠性提升典型示范，推动 1000 家以上企业实施可靠性提升。到 2030 年，10 类关键核心产品可靠性水平达到国际先进水平，可靠性标准引领作用充分彰显，培育一批可靠性公共服务机构和可靠性专业人才，我国制造业可靠性整体水平迈上新台阶，成为支撑制造业高质量发展的重要引擎。

二、重点任务

（一）提升制造业质量与可靠性管理水平

推动企业加强质量与可靠性管理，引导企业建立质量与可靠性发展战略，树立以可靠性为核心的质量管理观。鼓励企业贯彻实施 GB/T19004、GB/T19024 等标准，推动企业采用策划、实施、检查、处置（PDCA）模式加强企业质量与可靠性管理，开展自我声明及质量管理体系认证，增强质量信誉及信用信息市场采信度，实现企业的持续成功及财务和经济效益提升。支持企业设置首席质量官和可靠性管理部门，鼓励企业探索建立可靠性管理体系。加强企业可靠性管理评价和质量安全监管，支持开展关键过程能力评价和制造成熟度评价，推进关键典型产品质量安全监管与质量技术帮扶衔接联动。开展质量与可靠性知识普及、质量管理小组、对标达标等活动，推广应用先进的质量与可靠性管理理念和方法。

推动产业链供应链可靠性协同管理。发挥龙头企业需求牵引作用，加强产业链供应链可靠性管理，以可靠性管理体系为抓手，强化对供应商产品的质量评价与可靠性管理成熟度评估，畅通可靠性指标传递机制，提升配套企业的可靠性管理水平。鼓励产业链供应链上下游企业开展可靠性联合设计、可靠性管理等协同攻关，促进产业链供应链自主可控和质量可靠性水平整体提升。（工业和信息化部、市场监管总局等按职责分工负责，地方主管部门具体实施。以下均需地方部门落实，不再列明）

（二）加快可靠性工程技术研发与应用推广

围绕可靠性工程管理、设计、制造、分析评价、试验验证等环节，依托国家重点研发计划等科技重大项目，开展失效物理、加速试验等可靠性前沿基础理论研究，加强可靠性仿真、故障诊断与智能运维等应用技术研究，突破可靠性正向设计关键技术，开发可靠性工程新方法和新工具。

推广运用先进可靠性管理工具，提高产品全生命周期可靠性管理能力。鼓励产学研用联合攻关，构建可靠性设计技术体系，推广可靠性建模、分配、预计等普适性可靠性设计技术，鼓励企业加强可靠性设计技术应用，促进可靠性设计与产品功能设计同步实施。强化制造工艺可靠性技术应用，加强对材料热处理、电子封装和机械装配等工艺可靠性技术的推广，提升产品制造质量可靠性水平。强化可靠性分析与评价技术应用，支持第三方机构开展产品可靠性认证及质量分级行动，构建产品全生命周期可靠性综合分析与评价技术体系。推广多应力综合可靠性试验、可靠性加速试验等试验验证技术，应用试验、分析、改进等闭环措施，促进产品可靠性持续提升。（工业和信息化部、科技部等按职责分工负责）

（三）实施基础产品可靠性"筑基"和整机装备与系统可靠性"倍增"工程

聚焦机械、电子、汽车等行业，实施基础产品可靠性"筑基"工程，筑牢核心基础零部件、核心基础元器件、关键基础软件、关键基础材料及先进基础工艺的可靠性水平。实施整机装备与系统可靠性"倍增"工程，促进可靠性增长。强化可靠性指标考核与评价，在产业基础再造和制造业高质量发展等专项实施和相关标准制修订中，强化可靠性攻关及创新成果评价与转化应用，倒逼可靠性不达标的产品退出市场。（工业和信息化部、科技部、市场监管总局等按职责分工负责）

专栏1　基础产品可靠性"筑基"工程

机械行业，重点提升工业母机用滚珠丝杠、导轨、主轴、转台、刀库、光栅编码器、数控系统、大功率激光器、泵阀，农业机械用精密排种器、液压件、柴油机燃油喷射系统、拖拉机动力换挡系统、尾气后处理系统，工程机械用数字化液压元件、一体化电驱动系统，工业机器人用精密减速器、智能控制器，仪器仪表用控制部件、传感器、源部件、探测器、样品前处理器等关键专用基础零部件和高端轴承、精密齿轮、高强度紧固件、高性能密封件等通用基础零部件的可靠性水平；提升铸、锻、焊、热处理等基础工艺水平。

电子行业，重点提升电子整机装备用 SoC/MCU/GPU 等高端通用芯片、氮化镓/碳化硅等宽禁带半导体功率器件、精密光学元件、光通信器件、新型敏感元件及传感器、高适应性传感器模组、北斗芯片与器件、片式阻容感元件、高速连接器、高端射频器件、高端机电元器件、LED 芯片等电子元器件的可靠性水平。提升高频高速印刷电路板及基材、新型显示专用材料、高效光伏电池材料、锂电关键材料、电子浆料、电子树脂、电子化学品、新型显示电子功能材料、先进陶瓷基板材料、电子装联材料、芯片先进封装材料等电子材料性能，提高元器件封装及固化、外延均匀、缺陷控制等工艺水平，加强材料分析、破坏性物理分析、可靠性试验分析、板级可靠性分析、失效分析等分析评价技术研发和标准体系建设，推动在相关行业中的应用。

汽车行业，重点聚焦线控转向、线控制动、自动换挡、电子油门、悬架系统等线控底盘系统，高精度摄像头、激光雷达、基础计算平台、操作系统等自动驾驶系统，车载信息娱乐、车内监控、车机显示屏等智能座舱系统，车载联网终端、通信模块等网联关键部件，以及核心控制、电源驱动、IGBT、大算力计算、高容量存储、信息通信、功率模拟、高精度传感器等车规级汽车芯片，通过多层推进、多方协同，深入推进相关产品可靠性水平持续提升。

专栏 2　整机装备与系统可靠性"倍增"工程

机械行业，重点提升立/卧式加工中心、五轴联动加工中心、车铣复合加工中心、重型数控机床、大型压铸机、液压/伺服压力机、激光焊接与切割装备、真空热处理炉、增材制造等工业母机，大型高端智能农机、丘陵山区小型适用农机等农机装备，工业机器人等产品的可靠性水平。提升工业控制仪器仪表、测试分析仪器、光电检测仪器、生物医学仪器等高端仪器设备精度和可靠性水平。

电子行业，重点提升无人机、虚拟现实/增强现实（VR/AR）设备、服务机器人、智能门锁等智能产品，曝光机、蒸镀机、切片机、涂覆机等电子专用设备，质谱仪、示波器、电子透镜等电子测量仪器，高效光伏电池等产品，北斗导航终端、5G 通信设备等物联网终端，高端服务器、激光打印机、远程会议系统等计算机及外部设备可靠性水平。

汽车行业，重点突破基于数字化试验场的整车及关键零部件可靠性检测与评价技术，持续提升新能源汽车软件功能性能、可靠性水平、功能安全、预期功能安全、信息安全等综合能力，提升动力电池健康状态评价、使用寿命评价、安全性及故障预警、低温适应性等可靠性和耐久性测试评价能力，促进新能源汽车和智能网联汽车整车可靠性水平提升。

（四）完善可靠性标准体系

加强可靠性标准体系顶层设计，编制制造业可靠性标准体系建设指南。围绕机械、电子、汽车等行业现状和可靠性提升需求，开展通用要求、管理、设计、分析、试验、评估、维修保障等可靠性基础共性标准和急需标准制修订，补齐短板，推动在关键核心产品强制性标准中增加可靠性指标。发挥市场驱动力，鼓励企业、行业协会和专业机构积极参与标准制修订，

加强高水平可靠性团体标准研制，实施企业标准"领跑者"制度。

加强可靠性标准统筹协调，依托有关标准化技术组织和机构成立可靠性标准工作组，完善制造业可靠性标准体系协调推进机制。积极参与国际标准化活动，加快推进适合我国国情的可靠性国际标准转化，推动国内先进可靠性标准上升为国际标准。强化标准宣贯实施，开展可靠性标准化建设与应用试点，加快相关标准推广应用。（工业和信息化部、市场监管总局等按职责分工负责）

（五）发挥计量和测试验证对可靠性的支撑作用

发挥计量对测试验证的基础支撑作用，以精准计量推动检测方法的科学验证。夯实制造业可靠性计量基础，加快机械、电子、汽车等重点行业急需的标准物质研制和应用，建立一批高准确度、高稳定性计量基准、标准，制修订一批国家计量技术规范和行业计量技术规范。加强关键计量测试技术、测量方法研究，加大测量误差、测量不确定度等计量基础理论在制造业可靠性中的应用，为制造业可靠性提升提供全产业链、全生命周期的计量测试服务。

加强可靠性测试验证能力建设，支持企业结合测试验证需求改造升级试验检测设施，建设专用可靠性试验、环境适应性试验验证能力。鼓励龙头企业、高校加强与检验检测机构合作，创建国家级质量标准实验室、国

家标准验证点、重点行业可靠性实验室，搭建专用可靠性试验检测环境。面向行业可靠性验证共性需求，支持第三方机构开展关键共性验证技术攻关，开发多应力综合验证、耐久性试验、计量测试等测量仪器和试验设备，构建可靠性设计与仿真、故障诊断与分析等软件工具箱，提升检验检测与试验验证能力。（工业和信息化部、科技部、市场监管总局等按职责分工负责）

（六）深化数字技术在可靠性提升中的应用

推动数字技术在产品需求分析、设计研发、生产制造、检验检测、维修保障等全过程应用，宣贯推广企业两化融合度、数据管理等国家标准，提升产品全生命周期数字化管理水平。鼓励企业积极依托数字技术，加快适应市场对质量与可靠性的动态需求，推动生产模式和组织方式创新，更好提升用户体验。推动5G、大数据、人工智能、工业互联网等新一代信息技术与可靠性工程的深度融合，以数字技术促进关键核心产品可靠性提升。

加强数字模型等工具的开发应用及配套标准研制，运用基于模型的系统工程、数字孪生、可靠性仿真等技术提高产品可靠性设计水平。推动生产制造装备数字化改造，促进传感、机器视觉、自动化控制、先进测量等技术在生产制造环节深度应用，提高生产效率，降低质量波动。加强智能检测技术与装备应用，推动在线检测、计量等领域仪器仪表升级，促进制造装备与检验测试设备互联互通，提高检验检测效率和精准性。深化产品故障预测、智能化运维等技术在产品使用过程中的应用，有效降低产品故障风险，提高产品可靠性。（工业和信息化部、市场监管总局等按职责分工负责）

（七）提高可靠性公共服务水平

支持行业协会、专业机构与企业深度合作，推进可靠性数据跨环节跨企业共享利用，开展研发设计、生产制造、用户使用等环节的可靠性数据分析，建设可靠性基础数据平台，加强典型产品失效机理研究，为产品迭代优化提供技术服务。引导行业协会、专业机构开展可靠性培训、咨询、诊断等服务，重点面向中小企业提供可靠性提升综合解决方案。支持检测认证机构加强自身能力建设，探索推动自愿性产品认证、第三方可靠性评价认证等工作，鼓励社会采信可靠性认证结果。推动品牌服务专业机构将可靠性管理纳入企业品牌培育管理体系，夯实品牌培育基础。（工业和信

息化部、市场监管总局等按职责分工负责）

（八）加强可靠性人才培养

鼓励高校强化可靠性课程和相关专业建设，加快可靠性教材编制和师资队伍培育，加快培养高层次可靠性人才。鼓励企业和高校等联合建设实训基地，加强可靠性职业教育和技能培训，提高工程技术人员的可靠性实践能力。鼓励行业协会、专业机构和职业院校加大可靠性人才培训和继续教育，以需求为导向制定可靠性工作岗位能力标准，开展可靠性工程师等岗位能力评价工作。（教育部、工业和信息化部等按职责分工负责）

三、组织保障

（一）加强组织领导。在国家制造强国建设领导小组领导下，进一步发挥现有工作机制作用，明确责任分工，加强部门协同和部省联动，统筹谋划、合力推进制造业可靠性提升工作。发挥国家制造强国建设战略咨询委员会作用，为制造业可靠性提升提供决策咨询、战略规划论证和工作指导。各地有关部门要结合本地实际，研究促进制造业可靠性提升的配套政策措施。

（二）强化政策支持。加强可靠性提升工作与制造业高质量发展等有关政策规划的有效衔接，充分利用现有政策渠道，加强对制造业可靠性提升的支持和激励。落实企业可靠性技术研究、产品设计开发、中试阶段测试验证等环节研发费用加计扣除等普惠性政策。鼓励在重点产品国家质量监督抽查、政府采购项目和政府支持的新技术新产品研制项目中，强化可靠性相关指标要求。在省级政府质量考核中增加对可靠性工作的考核，强化产品质量监督管理。鼓励社会资本加大对制造业可靠性提升工作的投入。

（三）营造良好环境。充分发挥各类媒体、行业组织作用，搭建跨领域跨行业的可靠性交流平台，开展质量与可靠性活动，积极推广可靠性先进理念、技术、工具及典型案例，宣传"中国制造"优秀品牌，促进企业增强可靠性意识，引导社会树立优质优价的价值导向，为制造业可靠性提升营造良好氛围。发挥地方和行业组织引导作用，加大对可靠性提升的支持激励力度，按照国家有关规定对可靠性创新质量、绩效、贡献方面的优秀科学技术成果和产业技术基础，先进个人和团队给予奖励激励。

附录三　成渝地区出台的相关政策

重庆市人民政府办公厅
关于提升制造业产业链供应链现代化水平的实施意见

渝府办发〔2021〕124 号

各区县（自治县）人民政府，市政府各部门，有关单位：

为深入贯彻落实党中央、国务院关于推进产业基础高级化、产业链现代化的决策部署，按照《中共重庆市委重庆市人民政府关于进一步推动制造业高质量发展加快建设国家重要先进制造业中心的意见》（渝委发〔2021〕11 号）、《重庆市人民政府关于印发重庆市制造业高质量发展"十四五"规划的通知》（渝府发〔2021〕18 号）等要求，经市政府同意，现就提升制造业产业链供应链现代化水平提出以下意见。

一、总体要求

（一）指导思想。以习近平新时代中国特色社会主义思想为指导，全面贯彻党的十九大和十九届二中、三中、四中、五中、六中全会精神，贯彻落实习近平总书记对重庆提出的营造良好政治生态，坚持"两点"定位、"两地""两高"目标，发挥"三个作用"和推动成渝地区双城经济圈建设等重要指示要求，立足新发展阶段，完整、准确、全面贯彻新发展理念，积极融入服务新发展格局，紧扣建设国家重要先进制造业中心战略任务，把提升产业链供应链现代化水平作为推动制造业高质量发展的战略重点，加快补齐短板，持续锻造长板，打造一批具有竞争力的优势产业链条，确保供应链稳定，为我市打造具有国际竞争力的先进制造业集群奠定坚实基础。

（二）战略重点。围绕新一代信息技术、新能源及智能网联汽车、生物医药、高端装备、新材料、绿色环保等战略性新兴产业，梳理出一批支撑作用强、发展潜力好、战略意义大的重点产业链，分链条做好战略设计和精准施策，着力推进强链补链延链，加速全产业链系统优化和升级，建设一批具有全国影响力的战略性新兴产业集群，构筑全市经济发展新动能。同时，面向未来产业变革方向，积极培育空天开发、基因技术、碳捕捉及封存、未来材料等产业链。

（三）发展目标。到 2025 年，全市制造业重点产业链整体水平进一步提升，供应链弹性和韧性显著增强，关键环节"卡脖子"问题得到明显好转，初步形成若干具有国际竞争力的优势产业链条和一批具有产业生态主导力的优质企业，构建起先进制造业集群骨架体系。

二、加快重点产业链强链补链

（四）提升终端产品竞争力。顺应消费升级新趋势，推动终端产品高端化、智能化、绿色化发展，加快培育更多有影响力的终端产品。深入开展"增品种、提品质、创品牌"行动，提升产品附加值，促进产品迈向中高端；推动新一代信息技术与终端产品深度融合，全面提升产品智能化水平；聚焦"双碳"目标要求，强化新技术、新材料和新装备开发，发展绿色低碳终端产品，满足新的消费需求。

（五）增强产业配套能力。突出配套产业关键基础作用，统筹提升配套产业研发能力、工艺水平，持续提升配套产业整体效能。围绕产业链关键核心环节，全面增强核心零部件本地研发和生产能力，更好满足终端产品高品质发展需要，努力建设国家重要关键零部件研发制造基地。

（六）大力发展服务型制造。紧跟先进制造业和现代服务业融合发展大趋势，着力推动产业链向"微笑曲线"两端延伸，加速产业向价值链高端跃升。高水平发展工业设计、供应链管理、总集成总承包等生产性服务业。依托新一代信息技术，大力发展大规模个性化定制、网络协同制造、远程运维等新模式新业态，推动制造业向服务业延伸，提升产业链整体效益。

三、提升产业链创新能力

（七）构建完善的创新平台体系。依托西部（重庆）科学城、国家自主创新示范区建设，积极争取国家大科学装置、大科学中心和国家实验室等战略平台在渝布局。围绕重点产业链，部署一批技术创新中心、产业创新中心、制造业创新中心等重大创新平台。积极开展法人化研发机构引育行动，深入实施规模工业企业研发机构倍增计划，持续壮大产业链研发主体规模，夯实产业创新基础。

（八）大力推动产业链协同创新。围绕产业链梳理企业技术需求，完善协同创新机制体制，引导企业与大专院校、科研院所等深化研发合作，开展联合创新攻关，切实解决产品开发、工艺更新、成果转化等技术需求，增强产业创新发展的技术供给。大力推动创新成果转移转化，支持建设新产品应用示范平台、重大技术装备试验验证平台和线上线下相互融合的科技服务平台，持续完善科技创新生态，加快科技成果产业化。

（九）优化研发投入结构。充分发挥企业主体作用，深入实施研发准备金奖励制度，引导企业加大研发投入，扩大研发投入总体规模。引导企业着力增加应用型研发投入，适度扩大基础研究投入，不断优化研发投入结构。

四、推进产业基础再造

（十）加快"五基"发展。面向重点产业链终端产品需求，制定发布核心基础零部件及元器件、基础软件、基础材料、基础工艺和产业技术基础等"五基"领域发展指导目录，作为全市技术攻关重点方向。落实"五基"领域"一条龙"推进方式，引导终端形态产品企业在产品开发初期引入基础领域企业、科研机构联合开展技术攻关，促进"五基"技术成果无缝接入终端形态产品企业产业链供应链体系。

（十一）大力建设重点关键产业园。围绕"五基"领域发展指导目录，以区县（自治县，以下简称区县）为主体，通过"揭榜挂帅"方式，针对性部署一批市级重点关键产业园。统筹市、区县两级力量，集中资源政策连续支持产业园区改革发展，不断增强产业园区对关键基础领域企业吸引力，着力补齐产业链短板和弱项，构建更好的产业链生态。

五、深化产业链智能化赋能

（十二）深化全产业链智能化改造。深入开展两化融合贯标工作，积极引导产业链"链主"企业带动上下游配套企业，开展同频共振式的协同智能化改造，不断提升产业链供给质效。加快企业生产设备和关键环节数字化改造，推动产业链重点企业信息系统与生产设备互联互通。持续增加智能工厂和数字化车间数量，全面提升生产效率、降低生产成本。

（十三）建设完备的工业互联网体系。强化工业互联网标识解析国家顶级节点服务功能，加强与西部省份在标识解析领域的合作。围绕重点产业链，建设一批行业级标识解析递归节点，加快主动标识规模化部署，推进工业设备和产品广泛使用标识，促进跨企业数据交换。实施十大工业互联网平台培育工程，面向重点行业和企业，建设综合型、特色型、专业型工业互联网平台，提高工业互联网平台对工业企业的渗透率和覆盖率。

（十四）推动企业"上云"数字化转型。实施企业"上云"专项行动，引导龙头企业带动下游中小企业"上云"发展，促进产业链供应链上下游高效对接。深化5G、数字孪生、区块链、人工智能等新一代信息技术在工业互联网中的应用，培育"5G+工业互联网"示范场景，探索建设产业链工业大数据中心，不断拓展产业链供应链上下游协同的广度和深度。

六、培育产业链优质市场主体

（十五）培育领军企业和"链主"企业。聚焦重点产业链，遴选培育一批有一定规模、成长性好、技术先进的领军企业和"链主"企业。加大政策支持和要素保障力度，鼓励企业强创新、育品牌、提能级，通过开展合资合作、兼并重组等做大做强，提升产业链垂直整合度。支持企业积极参与国际标准、国家标准和行业标准制定（修订），加强工业互联网建设，构建由企业主导、涵盖全产业链、直连用户、安全可控的产业生态，提高对产业链供应链的整合和把控能力。

（十六）培育"专精特新"中小企业。加大制造业"单项冠军"培育力度，推动中小企业"专精特新"发展，培育一批专注于细分市场、创新能力强、质量效益优的专精特新"小巨人"企业和掌握关键核心技术、市场占有率高的单项冠军企业。加快"孵化器""加速器"发展，建立健全技术创新、融资服务、检验检测认证等公共服务平台体系，构建科技型企业梯度培育体系。落实中小企业发展普惠政策，支持企业"上云""上规""上市"，健全政策引导支持体系。

（十七）促进大中小企业融通发展。支持领军企业加强与中小企业协作配套，通过专业分工、服务外包、订单生产等多种形式带动产业链上下游企业协同发展，构建大中小企业融通发展的良好格局。支持中小企业围绕大企业生产需求，提升协作配套能力，发展采购、物流、分销等供应链服务。鼓励行业协会、产业联盟等组织产业链供需对接活动，建设多层次的产业链信息对接平台。推动完善产业链供应链金融服务。

七、提升产业链供应链韧性

（十八）全力保障供应链稳定。聚焦全市产业链重点企业，建立关键核心产品供应链动态监测体系和风险管理机制，加强运行风险监测、预警和应对，提高抗风险能力。支持企业加大对外采购力度。建立部门间供应链沟通协调机制，强化信息共享，做好供需对接，细化问题处置，提升产业链供应链稳定性。

（十九）提升产业链供应链开放合作水平。以积极融入共建"一带一路"、推动成渝地区双城经济圈建设等为契机，支持龙头企业在产业、科技、金融、人才等领域加强国际和地区间合作，积极开拓多元化市场、融入全球创新体系，构建坚实稳固、内外循环的供应链体系。支持"重庆造"产品"走出去"，提高重庆制造产品影响力。用好中国国际智能产业博览会、中国西部国际投资贸易洽谈会等平台开展国际交流，在开放合作中打造创新力更强、附加值更高的产业链。

八、保障措施

（二十）加强组织领导。切实发挥重庆市制造强市建设领导小组作用，研究审议提升制造业产业链供应链现代化水平有关重大政策、重大改革举措和重要工作安排，协调解决推进过程中的重大事项、重大问题。全面推进落实"链长制"，破解行业关键共性问题。加强市级部门协同协作，及时研究解决产业链供应链重大问题，推进各项重点任务落实。细化工作举措，完善工作机制，加强市、区县政策协同和工作协同。

（二十一）做好政策引导。全面落实好国家支持制造业高质量发展的各项政策措施。优化市级财政专项资金支持方式和重点，集中力量支持重点区域、重点产业、重点项目，支持战略性新兴产业集群发展、企业技术改造升级、产业链创新链融合发展、产业链精品品牌培育等工作，形成政策支持合力，提高精准性和及时性。对制造业高质量发展成效突出的区县实施专项激励。

（二十二）强化人才支撑。弘扬优秀企业家精神，培育一支创新意识强、管理水平高和合作精神浓的科技型、高素质企业家队伍。完善创新人才引进政策，推动我市院校优化学科设置，持续增加科技型创新人才供给。加强制造业优秀干部配备，加大干部知识能力更新提升，打造一支熟悉企业、善抓新经济的优秀干部队伍。

（二十三）优化营商环境。深化"放管服"改革，拓展政企互动沟通渠道，构建亲清政商关系。强化竞争政策基础性地位，加快产业政策向普惠化、功能性转型。深化投资审批制度改革，完善公开透明的监管规则和制度体系。依法保护企业家合法权益，加强产权和知识产权保护，坚定企业发展信心。及时总结宣传先进经验，凝聚全社会推动发展合力，营造良好社会氛围。

重庆市人民政府办公厅

2021 年 11 月 11 日

重庆市人民政府办公厅
关于印发重庆市推动制造业高质量发展重点专项实施方案的通知

渝府办发〔2021〕80 号

各区县（自治县）人民政府，市级有关部门，有关单位：

《重庆市制造业产业基础再造和产业链供应链现代化水平提升工程实施方案》《重庆市制造业产业创新能力提升行动实施方案》《重庆市制造业智能化赋能行动实施方案》《重庆市制造业绿色发展行动实施方案》《重庆市制造业领军企业培育行动实施方案》等 5 个重点专项实施方案已经市政府同意，现印发给你们，请认真贯彻执行。

重庆市人民政府办公厅

2021 年 8 月 13 日

重庆市制造业产业基础再造和产业链供应链
现代化水平提升工程实施方案

为贯彻落实党中央、国务院关于提升产业基础能力和产业链供应链现代化水平的决策部署，深度融入以国内大循环为主体、国内国际双循环相互促进的新发展格局，根据《中共重庆市委重庆市人民政府关于进一步推动制造业高质量发展加快建设国家重要先进制造业中心的意见》《重庆市制造业高质量发展“十四五”规划（2021—2025 年）》（渝府发〔2021〕18 号）等文件精神，特制定本方案，实施期限为 2021—2025 年。

一、总体思路

立足我市产业基础和比较优势，加强战略谋划、总体设计、精准施策，围绕重点产业，找出重点链条，系统推动补链、延链、强链和产业基础能力提升，加快补齐“短板”、持续锻造“长板”，构建一批具有核心竞争力的产业链，全力保障供应链稳定，不断深化创新链、价值链与产业链融合，保持制造业比重基本稳定，壮大实体经济根基，开创制造业高质量发展新的动力源和增长点。

二、发展目标

到 2025 年，产业链核心基础零部件（元器件）、关键基础材料、工业基础软件、先进基础工艺和产业技术基础等"五基"能力显著提升，产业链主要产品附加值持续提高，产业链、创新链、价值链实现深度融合，供应链稳定性进一步增强，形成一批具有核心竞争力的产业链条，建设若干具有国际影响力的先进制造业集群和战略性新兴产业集群，支撑全市工业总规模达到 3 万亿元，其中战略性新兴产业总规模超过 1 万亿元，成为我国构建自主可控、安全高效产业链供应链体系的重要支撑。

三、主要任务

围绕构建"6+5"现代产业体系（加快发展新一代信息技术、新能源和智能网联汽车、高端装备、新材料、生物技术、绿色环保 6 个战略性新兴产业；提质发展电子、汽车摩托车、装备制造、消费品、原材料 5 个支柱产业），重点打造集成电路、新型显示、被动元件、计算机、智能手机、印刷电路板（PCB）、智能家电、MEMS（微机电系统）传感器、软件、新能源和智能网联汽车、燃油汽车、摩托车、增材制造装备、卫星及应用、机器人、数控机床、轨道交通装备、通机装备、轻合金、先进钢铁材料、装配式建筑、聚氨酯、聚酰胺、聚甲基丙烯酸甲酯、聚酯、高端聚烯烃、特色纺织品、绿色包装、个护美妆、特色食品、基因工程药品制品、体外诊断试剂及设备、化学药品及原料药等 33 条重点产业链。

（一）持续完善和提升重点产业链。聚焦重点产业链领域龙头企业和高成长性企业，滚动实施和引进一批优质企业、引领项目和重大平台。推动现有计算机、手机、汽车、摩托车、工业机器人、数控机床、轨道车辆等领域主机企业进一步扩大在渝投资，继续抓好上述领域市外其他主机企业引育，形成更大规模效应，促进更多关键零部件企业、原材料企业来渝布局。发挥我市在集成电路、新型显示、智能传感、机械传动等零部件领域和轻合金、天然气化工等原材料领域比较优势，积极引进后端部件级、主机级企业来渝投资。支持现有企业立足自身积累，积极向重点产业链中与现有主营业务关联度较高环节延伸布局。加强创新链、供应链、价值链招商与产业链招商协同，依托生产制造类项目同步引进企业研发设计、营销结算中心等生产性服务类项目，不断提升我市在全球产业链、价值链分工中的地位。〔责任单位：市经济信息委、市发展改革委、市招商投资局，各区县（自治县，含两江新区、重庆高新区、万盛经开区，以下统称区县）〕

（二）加强重点产业链关键环节和基础领域研发攻关。聚焦重点产业链，分链条梳理关键共性技术和核心基础零部件（元器件）、关键基础材料、工业基础软件、先进基础工艺等基础领域需求。加强重点产业链协同创新，积极争取相关国家大科学装置和国家重点实验室等战略研发平台在渝布局，加快制造业创新中心、产业创新中心、技术创新中心三大类公共创新平台规划建设，推动企业与高等院校、科研院所组建产业链产学研联盟，聚焦关键环节和基础领域开展联合攻关，加快实现堵点技术突破和可持续迭代。深入实施规模以上工业企业研发机构倍增计划，推动企业建立研发机构、加大研发投入、加快新品开发，促进技术突破加速向现实生产力转化。积极争取大院大所、跨国企业在渝布局研发总部或区域研发总部，大力发展独立法人新型企业研发机构，持续壮大工业设计、检验检测、科技金融、研发服务等科技服务业规模，进一步优化重点产业链创新生态，提高创新效率。（责任单位：市科技局、市发展改革委、市经济信息委、市市场监管局、市商务委，各区县）

（三）深化新一代信息技术在重点产业链中融合应用。聚焦重点产业链，深入推进智能制造，加快智能化装备及信息管理系统普及，大幅增加数字化车间和智能工厂数量，积极参与国际标准制定（修订），构建技术、专利、标准协同机制，进一步巩固现有优势产品质量优势、成本优势和标准优势。推动工业互联网创新发展，加快重点产业链标识解析二级节点建设，引育面向全产业链的工业互联网平台，深化5G、数字孪生、区块链、人工智能等新一代信息技术在工业互联网中的应用，引导更多产业链企业"上云赋能"，促进产业链供需信息高效对接，不断提升产业链整体效率。推动重点产业链向服务环节延伸，壮大个性化定制、设备健康管理、产品远程运维、共享制造、总集成总承包等典型业态规模，提升产业链附加值和利润率。（责任单位：市经济信息委、市发展改革委、市大数据发展局、市通信管理局，各区县）

（四）培育产业链"链主"企业和"专精特新"企业。聚焦重点产业链，遴选有核心技术、有广泛市场、有发展前景、有竞争实力的企业，通过强创新、拓市场、抓重组等方式快速做优做大做强，支持企业加快标准制定（修订）、工业互联网建设，构建由企业主导的产业生态，持续增强对产业链供应链的整合和把控能力，提升产业竞争话语权。加大制造企业"单项冠军"的培育力度，实施"专精特新"中小企业培育计划，通过对标细分领域全球头部企业，加快同品类、同规格替代升级产品的开发及推广应用，构建基础领域、战略环节技术优势和一般性竞争领域质量优势、成本优势，提升参与全球产业竞争和产业生态构建的主动权。鼓励"链主"企业加强与产业链中小企业协作配套，通过专业分工、服务外包、订单生产等多种形式带动产业链上下游企业协同发展，构建大中小企业融通发展的良好格局。支持企业落实质量主体责任，建立品牌战略，走品牌化发展道路。（责任单位：市经济信息委、市市场监管局，各区县）

（五）优化重点产业链市域布局。落实"一区两群"协调发展部署，在中心城区加大高端研发机构、高端孵化机构和工业互联网平台等引育力度，加快向服务环节延伸，引导区域内产业链一般环节企业向主城新区和"两群"地区有序转移。在主城新区加大电子终端、汽车摩托车整车、成套装备等主机项目和关键零部件、关键原材料项目一体化引育力度，实现全产业链发展。在"两群"地区发挥资源环境优势，聚焦细分环节，高起点承接市外及主城都市区产业转移，更好融合市域、全国及全球产业链分工体系。引导产业园区聚焦2—3条产业链，加快创新平台建设，完善公共服务体系，快速引进上中下游核心企业，加快培育产业生态系统，走特色发展集群发展之路。（责任单位：市发展改革委、市经济信息委、市商务委、市科技局，各区县）

（六）全力保障重点企业供应链稳定。聚焦重点产业链领域关键企业，对其国内外直接、间接供应商进行全面系统梳理，重点评估核心零部件、中间件和基础材料对外依存度和供应稳定性，建立重点产品供应链动态监测清单、供应链备链计划和风险管理机制，加强运行风险监测、预警和应对。针对企业生产必需且国内短时间无法替代的基础原材料、关键核心零部件、重大仪器设备以及重点技术和产品，支持企业适当加大对外采购力度，增加库存生产周期，确保生产持续稳定。建立供应链物流保障专班和部门间沟通协调机制，强化信息共享，做好供需对接，细化问题处置，及时为企业提供安全畅通的物流保障。（责任单位：市经济信息委、市商务委、重庆海关、市政府口岸物流办，各区县）

（七）提升产业链供应链开放合作水平。深化成渝地区产业链合作，搭建成渝地区重点行业供需对接平台，推动两地企业互采互供。充分发挥现有区域产业协作机制作用，着力提升我市与相关省市产业链配套水平，促进协同发展。加强与我市主要贸易伙伴的联动协调，支持企业按照市场化的原则最大力度维系既有产业关系，保持供应链产业链稳定。充分利用我国与日本、韩国和东盟地区地缘相近、产业互补的优势，积极拓展与"一带一路"国家和地区的产业链合作，丰富海外供给渠道和市场主体，增强供应链弹性。（责任单位：市发展改革委、市经济信息委、市商务委，各区县）

四、保障措施

（一）加强组织领导。切实发挥重庆市制造强市建设领导小组作用，统筹推进各项工作，重大问题及时提请市委、市政府研究解决。市经济信息委要加大对具体任务的推进力度，逐一落实33条重点产业链"链长"，编制产业链图谱，切实做好重点产业链招商引资、技术研发、企业培育、供应链保障等工作。市级有关部门要立足职能职责，主动研究提出更多有利于提升全市制造业产业链供应链现代化水平的创新举措。各区县要结合区域产业发展实际，细化提升本区县产业链供应链现代化水平的思路、方法和重点工作，确保各项举措落实到位。（责任单位：市经济信息委、市发展改革委、市科技局、市金融监管局、市政府口岸物流办、市招商投资局，各区县）

（二）加大政策支持。加大33条重点产业链各类资源要素配置力度。加强产业发展、科技创新等领域市级财政专项资金改革创新和整合使用，集中资源向33条重点产业链及其关键环节、关键领域和关键企业汇集，促进财政专项资金功效最大化。持续强化政银企合作，引导银行加大对重点产业链企业信贷投放额度，加快供应链金融发展。进一步扩大首台（套）、首批次技术装备保险补偿范围，加大政府采购和国有企业采购力度，推动更多创新产品加速市场化应用。（责任单位：市财政局、市金融监管局、市发展改革委、市经济信息委，市人力社保局、重庆市税务局，各区县）

（三）全面深化改革。深化"放管服"改革，全面落实权力清单制度，落实"清单之外无审批"要求，进一步简化投资审批和工程建设审批程序，对国家允许、区县能承接的审批事项加快下放至区县办理；全面实施负面清单管理，除国家制定的负面清单以及市级层面按照国家要求制定的负面清单以外，不再新设准入限制。加强知识产权保护，完善社会信用体系，加大对侵权行为的打击力度，保护和激发企业创新积极性。（责任单位：市政府办公厅、市发展改革委、市商务委、市经济信息委、市司法局、市市场监管局、市知识产权局，各区县）

重庆市制造业产业创新能力提升行动实施方案

为贯彻落实党中央、国务院关于科技创新的决策部署，全面落实市委五届十次全会精神，切实提高制造业创新能力，更好支撑国家重要先进制造业中心和具有全国影响力的科技创新中心建设，根据《中共重庆市委重庆市人民政府关于进一步推动制造业高质量发展加快建设国家重要先进制造业中心的意见》《重庆市制造业高质量发展"十四五"规划（2021—2025年）》（渝府发〔2021〕18号）等文件精神，特制定本方案，实施期限为2021—2025年。

一、总体思路

坚持创新在现代化建设全局中的核心地位，围绕产业链部署创新链，围绕创新链打造产业链，以重大发展需求为牵引、以重大技术突破为主攻方向，充分发挥企业创新主体作用和政府引导作用，支持开展协同研发活动，推进研发创新平台建设和创新型企业培育，改善关键技术供给和提高新产品开发速度，全面提升产业技术创新能力。

二、发展目标

企业研发投入持续增长。"十四五"期间全市企业研发投入累计2 500亿元以上，到2025年全市企业研发投入强度达到2%。

企业创新体系更加完善。到2025年，50%以上的规模以上工业企业建立研发机构，65%以上的规模以上工业企业开展研发活动；市级企业研发机构1 500家以上、国家级企业研发机构50家以上、市级制造业创新中心30家以上、国家级制造业创新中心1家以上，"国家级—市级—区县级"三级企业研发创新体系支撑作用更加明显。

产业创新基础更加牢固。到2025年，制造业领域的科技型企业、高新技术企业、"专精特新"企业数量全部翻番，分别达到4.5万家、8 000家、1 500家；规模以上工业企业每亿元营业收入有效发明专利数达到1.45件；高技术产业产值占规模以上工业产值比重达到32%，制造业规模企业中高新技术企业占比达到60%。

创新发展生态更加优化。园区特色化、专业化趋势明显，创新支撑平台和科技服务体系建设运行良好。围绕产业所需的创新要素、资源集聚能力明显增强，形成一批具有全国影响力的产业高端创新平台。

三、主要任务

（一）推进一批关键核心技术攻关。针对我市产业创新发展的重要关键核心技术领域和 33 条重点产业链的技术短板，推动产学研协同攻关，加快实现重点领域技术突破。

建立关键核心技术需求目录。聚焦产业核心基础零部件、工业基础软件、关键基础材料、先进基础工艺等领域短板和生命科学、储能和新能源、航空航天、新型显示、智能传感、工业互联网、信息安全等先导产业方向，系统梳理关键核心技术需求，制定并发布需求目录清单。

加快关键核心技术攻关。针对技术需求目录，采取"揭榜挂帅""并行资助""军令状"等组织方式，鼓励龙头企业联合产业链上下游企业、高等院校、科研院所开展协同攻关，形成一批重大新产品、知识产权、技术标准等关键核心技术成果。引导社会团体制定发布先进团体标准，鼓励企业制定执行技术水平优于国家标准和行业标准的企业标准。

前瞻开展基础科学研究。围绕产业发展趋势和需要，引导龙头企业独立或联合高等院校、科研院所开展基础研究，取得一批引领性重大原创成果，保持技术领先优势。支持高等院校、科研院所聚焦产业核心技术需求开展前瞻性研究、基础研究、原创性试验，为技术进步和科技成果转化提供基础保障。

（责任单位：市经济信息委、市科技局、市教委、市发展改革委，各区县）

（二）推进一批研发创新平台建设。深入实施规模以上工业企业研发机构倍增计划，积极探索新型研发模式，推进建立一批高端研发平台，补齐建设一批短缺的科技服务机构。

加快建设企业研发机构。推动区县普遍建立企业研发机构管理体系、大中型企业普遍建立研发机构，大幅提升建有研发机构的规模以上工业企业占比。面向制造业基础性、前沿性领域，建设研发试验条件良好的工业和信息化重点实验室。大力引进世界 500 强等领军企业来渝建设高水平研发机构，推动企业到海外发达地区整合创新资源建设研发机构。

加快发展独立法人研发机构。鼓励建有市级及以上研发机构的企业将研发机构进行法人化改革；鼓励产业链上下游企业联合组建独立法人研发机构；鼓励科技人员创办新型研发机构。支持有条件企业联合转制科研院所等单位组建行业技术研究院，提供行业关键共性技术服务。引导行业领军企业牵头整合上下游企业、高等院校、科研院所组建市级制造业创新中心，争取创建国家级制造业创新中心。

补齐行业短缺平台。推动市级有关部门和区县联动，加快推进新建 20 个以上市级创新平台、50 个以上区县级创新平台。在集成电路、新型显示、信息安全、智能家电、增材制造、药物安全评价等创新薄弱领域，新建一批行业创新平台，推进生物安全防护三级实验室、5G 通信、人工智能等新兴产业领域检验检测平台建设。

（责任单位：市经济信息委、市科技局、市教委、市发展改革委、市卫生健康委、市市场监管局、市药监局，各区县）

（三）推进一批重点新产品研发。整合调动市、区县、企业的力量，滚动推动重点新产品研发及产业化，每年滚动推进 100 个市级重点新产品、200 个区县级重点新产品开发。推进新产品应用场景建设和示范推广，促进创新链、产业链、价值链深度融合。

加快先进技术转化为生产力。发挥标准引领、管理支撑和品牌促进作用，大力开发个性化定制、网络化协同、共享化生产、数字化管理等为特征的新产品，推动工业产品"增品种、提品质、创品牌"，推动工业产品不断升级、产业结构不断提升。

着力构建新产品"应用场景"。在制造业重点领域和重点产业集聚区，支持建设新产品（新技术）应用示范平台、重大技术装备试验验证平台和创新成果产业化中心，推动首台（套）装备、首批次材料、首版次软件示范应用。

（责任单位：市经济信息委、市科技局、市国资委、市市场监管局，各区县）

（四）推进一批创新型企业领跑。集合政策和资金，在制造业中培育创新型领军企业、"专精特新"中小企业、高新技术企业，建成一批创新的"领头羊"和中坚力量。

培育创新型领军企业。聚焦重点行业和重点产业链，遴选创新能力强、引领作用大、发展潜力好的骨干企业，建立领军企业清单，支持领导企业发展成为技术实力领先的企业。支持领军企业完善全面质量管理制度，通过提升知识产权、技术标准、质量品牌等影响力，持续增强在国内外的话语权和资源配置能力。

培育"专精特新"中小企业。鼓励科研院所、高等院校创办科技型企业，鼓励科技型企业、中小企业深耕细分市场，走特色化发展道路，不断提升创新能力、市场竞争力和品牌影响力，成长为"专精特新"企业、"小巨人"企业、"隐形冠军"企业，成为专业领域的创新领军企业。

提高制造业高新技术企业占比。鼓励科技咨询、知识产权代理、会计师事务所等中介机构为制造业企业申报高新技术企业提供专业化服务，在资金扶持、政策执行上向高新技术企业倾斜，推动制造业企业向高新技术企业转型。

（责任单位：市经济信息委、市科技局、市国资委、市发展改革委，各区县）

（五）推进一批特色园区优化创新生态。着眼园区产业竞争力提升，推动园区围绕特色产业加强公共服务平台建设和科技服务业培育，打造特色园区产业创新服务综合体。

推动园区特色化发展。引导全市各园区立足产业基础、优势和发展方向，因地制宜、精准定位，在专业特色方向上进一步凸显，针对特色产业构建创新支撑服务平台。

加快完善园区创新平台体系。中心城区园区重点着眼基础研究和新兴产业培育，建立各类高端研发平台和孵化器、加速器、检验检测平台等创新服务机构；主城新区园区重点着眼应用研究和先进、高端制造业发展，培育特色产业的创新支撑服务平台；"两群"地区园区重点着眼绿色产业发展和产学研协同创新，推动创新平台建设。

加快科技型服务业发展。优化公共服务体系布局，建设支撑特色产业发展的工业设计、检验检测、咨询服务等公共服务平台，推进公共服务平台与园区、企业务实合作，着力推进产业创新支撑服务能力全面发展。

（责任单位：市经济信息委、市发展改革委、市科技局、市市场监管局、市商务委、市药监局，各区县）

（六）推进一批创新支持政策出台。立足产业创新的需求和实际，与时俱进调整和出台一批定向精准的支持政策，为产业创新注入新的动能和活力。

完善鼓励企业研发机构法人化的政策。针对市级企业研发机构法人化改革，连续 3 年给予过渡支持，助推企业提升自我造血能力。

完善鼓励龙头企业开展基础研究的政策。针对"十四五"产业发展的重点方向，鼓励行业龙头企业联合高等院校和科研院所开展基础研究，并给予研发费用补助。

完善鼓励产业创新服务机构加快发展的政策。针对独立法人的工业设计企业、特色园区的孵化器和加速器、新引进的独立法人研发机构等，给予人才引进、开办投资等支持。

完善鼓励本地科技人员服务中小企业技术创新的政策。针对有技术需求的中小企业，推动市级有关部门联合征集一批高等院校和科研院所的科技人才到中小企业尤其是科技型企业兼任"科技副总"，推动产学研合作，提升中小企业创新能力。

完善鼓励建设市级产业技术基础公共服务平台的政策。在国家级园区和市级特色产业园区，推动建立一批市级产业技术基础公共服务平台，保障产业创新发展和质量品牌提升。

（责任单位：市经济信息委、市科技局、市教委、市国资委、市市场监管局、市商务委、市发展改革委，各区县）

四、保障措施

（一）加强组织领导。切实发挥重庆市科技领导小组职能作用，统筹推进制造业技术创新各项工作，重大问题及时提请市委、市政府研究解决。市经济信息委要加大统筹力度，切实做好研发创新平台建设、重点新产品研发、创新型企业发展、园区特色化提升、创新支持政策调整出台等工作。市级有关部门要立足职能职责，主动研究提出更多有利于提升全市制造业技术创新的务实举措。各区县要结合特色产业发展实际，明确特色产业创新能力提升的思路、举措和重点，确保各项政策举措落实到位。（责任单位：市经济信息委、市科技局、市发展改革委、市教委、市人力社保局，各区县）

（二）加强创新资源招商。瞄准产业链中需引进的国内外领军企业和创新团队，加大重点领域补短板和关键环节强链条招商引资力度，尤其是要加强创新团队的引进和研发机构建设。支持本地现有企业带动创新能力强的上下游企业来渝投资兴业，支持企业家利用自身人脉资源带动有技术资源的同乡、同学等来渝创新创业。推进重大招商项目全流程"一对一"

跟踪服务，打造让创新企业和创新团队安居乐业的发展环境。（责任单位：市招商投资局、市经济信息委、市科技局、市发展改革委、市教委、市人力社保局，各区县）

（三）加强创新人才培养。鼓励高等院校、职业院校加强产业发展重点需求相关学科专业建设。鼓励企业与高等院校、科研院所共建实验室、专业研究院或交叉研究中心，加强共享型工程实习基地建设，培养高素质应用型、复合型、创新型领域技术技能人才。加快战略性新兴产业、先导产业领域工程技术人员培养，通过专题培训班等形式，加大企业人才和政府有关从业人员的培训力度。（责任单位：市人力社保局、市教委、市经济信息委、市国资委，各区县）

（四）加强示范宣传。加大制造业优秀创新型企业培育力度，继续开展市级优秀创新型企业评选。继续开展市级技术创新示范企业认定，鼓励争创国家级技术创新示范企业。编制典型示范企业发展案例集，加强宣传展示和经验推广。组织开展现场会、经验交流会、高峰论坛、创新大赛等活动，加强对制造业企业创新发展的宣传报道，进一步营造发展氛围。（责任单位：市人力社保局、市经济信息委、市科技局、市知识产权局，各区县）

（五）加强创新交流合作。深度融入共建"一带一路"、长江经济带发展和成渝地区双城经济圈建设，加强国内外广泛合作交流，与四川省共建成渝地区创新发展示范区。鼓励企事业单位、产业组织等与国内外企业、机构在产学研合作、创新平台打造、技术标准制定（修订）等领域开展务实合作。鼓励本市企业参与并购、参股国内外先进的创新型企业。鼓励跨国企业、国际组织围绕制造业转型升级在渝设立研发机构、人才培训中心。（责任单位：市招商投资局、市发展改革委、市科技局、市经济信息委、市商务委、市国资委，各区县）

重庆市制造业智能化赋能行动实施方案

为贯彻落实党中央、国务院关于深化新一代信息技术与制造业融合发展的决策部署，加快推动制造业数字化、网络化、智能化发展，打造"智造重镇"，根据《中共重庆市委重庆市人民政府关于进一步推动制造业高质量发展加快建设国家重要先进制造业中心的意见》《重庆市制造业高质量发展"十四五"规划（2021—2025 年）》（渝府发〔2021〕18 号）等文件精神，特制定本方案，实施期限为 2021—2025 年。

一、总体思路

以智能制造为主攻方向，加快工业互联网创新发展，加快制造业发展模式和企业形态根本性变革，加快提升新型基础设施支撑服务能力，夯实制造业数字化发展基础，拓展融合创新应用场景，完善产业发展生态，推动数字化、网络化、智能化转型，实现制造业高质量发展。

二、发展目标

到 2025 年，规模以上制造业企业基本进入数字化普及阶段，关键业务环节全面数字化的企业比例达到 61.2%，数字化研发设计工具普及率达到 86.7%，关键工序数控化率达到 65%，两化融合发展指数总体水平达到 65，重点产业园区和企业 5G 网络全覆盖，打造 10 个 5G 全连接工厂，培育 10 个具有全国影响力的工业互联网平台，工业互联网标识解析二级节点超过 30 个，建设认定 50 个智能工厂和 500 个数字化车间，培育 200 个新模式应用项目，打造 50 个创新示范智能工厂和 50 个"5G+工业互联网"先导应用示范场景，建设 1—2 家全球灯塔工厂，全市企业"上云"累计达到 15 万户。

三、主要任务

（一）加快新型信息基础设施建设。

1. 加快网络基础设施建设。加大工业设备网络化改造力度，支持工业现场"哑设备"网络互联能力改造，支撑多元工业数据采集，提升异构工业网络互通能力，推动工业设备跨协议互通和跨系统互操作。加大工业企业 5G 内网建设，探索在既有系统上叠加部署新网络、新系统，推动 IT（信息技术）网络和 OT（生产控制）网络融合，推进 IPv6（互联网协议第6版）、OPC UA（开放平台通信统一架构）、MEC（移动边缘云计算）、TSN（时间敏感网络）、SDN（软件定义网络）等新技术在企业网络化升级改造中的应用。加大工业外网升级，推动基础电信企业提供高性能、高可靠、高灵活、高安全的网络服务，鼓励工业企业、工业互联网平台、标识解析节点、安全设施等接入高质量外网。加大重点园区、重点企业 5G 基站建设力度，推动多厂区、多园区、供应链统一组网，构建工业互联网园区网络。探索 5G 专网建设及运营模式，开展工业 5G 专网试点。（责任单位：市经济信息委、市国资委、市通信管理局，各区县）

2. 提升工业互联网平台核心能力。实施十大工业互联网平台培育工程。持续培育跨行业跨领域综合型工业互联网平台，面向重点行业和区域建设特色型工业互联网平台，并向产业链上下游延伸；面向特定工业场景和专业领域建设专业型工业互联网平台。不断提升平台的技术供给质量，扩大平台对工业企业的渗透率和覆盖率，打造"平台+5G""平台+人工智能""平台+区块链"等新技术解决方案。加速已有工业软件云化迁移，形成覆盖工业全流程的微服务资源池，推动基础工艺、控制方法、运行机理等工业知识的软件化模型化。（责任单位：市经济信息委、市国资委，各区县）

3. 加速标识解析推广应用。发挥工业互联网标识解析国家顶级节点服务功能，提供高效稳定的标识注册、解析、备案等服务，加强与西部省区在标识解析领域的交流合作。面向战略性新兴产业和支柱产业建设标识解析二级节点。加快主动标识载体规模化部署，推进工业设备和产品用标识。深化标识在设计、生产、服务等环节的应用，推动标识解析系统与工业互联网平台、工业 APP 的融合发展。加快解析服务在各行业规模应用，促进跨企业数据交换，提升产品全生命周期追溯和质量管理水平。（责任单位：市经济信息委、市通信管理局、市发展改革委、市卫生健康委、市国资委、市市场监管局，各区县）

4. 强化工业大数据汇聚共享。加快建设国家工业互联网大数据区域分中心和行业分中心，初步实现重点行业的数据采集、汇聚及应用，提升数据资源管理能力。推动工业数据分类分级和细分行业公共数据字典建设，加强工业互联网数据确权机制研究，探索工业数据评估评测、分析验证、成果转化等公共服务。推动全市各行业供应链产业链公共服务平台建设，推进与智慧园区、智能制造等平台数据共享，初步形成全市工业大数据基础数据库。积极创建国家新型工业互联网交换中心，实现工业数据"一点接入、多点连通"。积极创建工业大数据创新示范区。（责任单位：市经济信息委、市国资委、市通信管理局，各区县）

（二）加快推动制造业数字化改造。

1. 加快企业生产设备数字化改造。推动企业应用工业机器人、数控机床、增材制造装备、智能传感与控制装备、智能检测与装配装备、智能物流装备等数字化装备，或利用智能化技术改造非数字化装备，实现工厂、车间、工序和工段数字化装备换代，提升装备数控化水平。（责任单位：市经济信息委、市国资委，各区县）

2. 加快企业关键环节数字化改造。利用新一代信息技术打通生产线、车间单元的数据链，实现设备间实时数据交互和协同生产。积极推进工业技术软件化，加大工业软件研发应用力度，推动企业在产品研发、生产制造、质量检测、经营管理、物流营销等各环节实施数字化改造，建设应用CAD（计算机辅助设计）、CAE（计算机辅助工程）、CAM（计算机辅助制造）、ERP（企业资源计划）、MES（制造执行系统）、SCM（供应链管理系统）、PLM（产品全生命周期管理）、LIMS（实验室信息管理系统）等信息系统，提升关键环节数字化水平。（责任单位：市经济信息委、市国资委，各区县）

（三）加快新一代信息技术和制造业融合应用。

1. 加快建设数字化车间和智能工厂。鼓励企业积极开展工艺参数、设备运行、质量检测、物料配送等企业生产现场数据的采集和汇聚，加快推动企业信息系统与生产设备互联互通，开展系统间的集成应用，全面提升企业的资源配置优化、实时在线优化、生产管理精细化和智能决策科学化水平，建设具备自感知、自学习、自决策、自执行、自适应等功能的数字化车间和智能工厂。在汽车、装备、电子等优势领域打造创新示范智能工厂和全球灯塔工厂。（责任单位：市经济信息委、市国资委，各区县）

2. 培育融合发展新模式新业态。支持龙头企业基于工业互联网平台广泛连接，汇聚设备、技术、数据、模型、知识等资源，打造贯通供应链、覆盖多领域的网络化配置体系，发展协同设计、众包众创、共享制造、分布式制造等网络化协同新模式。鼓励企业基于用户数据分析挖掘个性需求，打造模块化组合、大规模混线生产等柔性生产体系，促进消费互联网与工业互联网打通，推广需求驱动、柔性制造、供应链协同等个性化定制新模式。支持企业搭建产品互联网络与服务平台，开展基于数字孪生、人工智能、区块链等技术的产品模型构建与数据分析，打造设备预测性维护、装备能效优化、产品衍生服务等服务化延伸新模式。推动企业打通内部各管理环节，打造数据驱动、敏捷高效的经营管理体系，推进可视化管理模式普及，开展动态市场响应、资源配置优化、智能战略决策等数字化管理新模式。探索发展现代供应链、工业电子商务、产业链金融等新业态。（责任单位：市经济信息委、市发展改革委、市商务委、市国资委、市金融监管局、市政府口岸物流办，各区县）

3. 深化"5G+工业互联网"应用。推动 5G 应用从外围辅助环节向核心生产环节渗透，打造"5G+工业互联网"示范场景，加快典型场景推广应用。支持汽车、电子、装备等行业龙头企业建设 5G 全连接工厂。积极创建国家级"5G+工业互联网"融合应用先导示范区。（责任单位：市经济信息委、市通信管理局、市国资委，各区县）

4. 实施企业"上云"专项行动。制定企业"上云"服务目录，完善企业"上云"工作指南。引导行业龙头企业加快业务系统云化改造，带动产业链上下游中小企业业务系统云端迁移。加快推动工业设备"上云"。推动中小企业应用第三方平台"上云"。建立"政府补一点、服务商优惠一点、企业出一点"的联合激励机制，支持企业"上云"。（责任单位：市经济信息委、市国资委、市商务委，各区县）

5. 探索重点行业领域差异化融合新路径。强化汽车、装备制造业龙头企业带动优势，培育行业级工业互联网平台，优化供应链配置，加快数字化车间和智能工厂建设。推动电子制造业加大数字化装备普及和信息系统建设力度，大面积推广机器视觉等人工智能和大数据场景应用，提升生产效率和产品质量。推动消费品制造业打造 C2M 示范工厂，应用区块链、标识解析技术建设产品质量追溯体系，发展大规模个性化定制新模式。推动流程型制造业强化物联网、大数据、人工智能等技术应用，大规模部署能源管理系统，构建全流程运行数据模型，开展工艺优化创新和生产设备预测性维护，提升全流程管理智能化水平。实施"互联网+"绿色制造行动，开展资源能源和污染物协同监测和精准控制，建立工业领域生态环境保护信息化平台。推动非煤矿山、危险化学品、民用爆破物品等安全生产领域利用新一代信息技术提高重点高危行业安全生产水平，构建覆盖关键装置、现场作业的安全生产监测、管理和应急体系。（责任单位：市经济信息委、市生态环境局、市发展改革委、市应急局、市国资委、市市场监管局，各区县）

6. 加快大中小企业和一二三产业融通发展。鼓励龙头企业推广供应链体系和网络化组织平台，打造符合中小企业需求的数字化平台、系统解决方案、产品和服务，带动中小企业的数字化能力提升和订单、产能、资源等共享，提升产业链供应链的稳定性和竞争力。支持第一产业、第三产业推广基于工业互联网的先进生产模式、资源组织方式、创新管理和服务能力，打造跨产业数据与服务平台。加大对"专精特新"、小巨人等企业的培育力度，推动中小企业主动融入新一代信息技术，实现转型升级、融合发展。（责任单位：市发展改革委、市经济信息委、市农业农村委、市商务委、市国资委、市大数据发展局，各区县）

（四）加快完善产业发展生态。

1. 加强标准研制应用。引导支持行业协会、科研院所、高等院校、产业联盟、企业针对智能制造、工业互联网核心标准开展联合攻关，鼓励主导制定或积极参与相关国际/国家/行业/团体标准研制，推动标准兼容适用。着力推动5G工业应用标准、工业网络接入标准、现场设备集成标准、公共数据字典标准、预测性维护标准等标准研制和应用。推动两化融合管理体系2.0、智能工厂/数字化车间通用技术要求、智能制造能力成熟度模型、工业互联网和工业信息安全领域相关标准贯标。（责任单位：市经济信息委、市国资委、市市场监管局，各区县）

2. 提升解决方案供给能力。加快引进培育智能制造和工业互联网系统解决方案供应商，完善服务商资源池。推动基础电信运营商、新一代信息技术集成商、智能制造解决方案供应商、工业互联网企业形成联合体，打造综合型服务商，积极开发和推广行业系统解决方案。整合工业互联网产业联盟重庆分联盟、智能制造系统解决方案供应商联盟重庆分盟资源，加强公共服务支撑能力建设，促进产业生态合作交流。（责任单位：市经济信息委、市国资委、市通信管理局，各区县）

3. 增强软硬件支撑能力。夯实设计研发、关键材料、先进工艺基础能力，推动5G、人工智能、大数据、物联网等新一代信息技术和重点工业产品的融合创新，加快5G芯片/模组/网关/MEC、智能传感器、工业软件等基础软硬件创新突破，大力发展工业级智能硬件、智能机器人、智能制造装备、智能网联汽车、无人机、智能可穿戴设备、智能家居等新型智能产品。加快信息技术及产品在工业、交通、医疗、教育、国防军工、健康养老等重点领域应用推广。（责任单位：市科技局、市委军民融合办、市教委、市经济信息委、市民政局、市公安局、市交通局、市卫生健康委、市国资委、市通信管理局，各区县）

4. 提高公共平台服务水平。鼓励企业、高等院校和科研机构、产业联盟等联合建设5G智能制造创新中心、5G工业应用创新实验室、5G工业技术测试床、5G天馈线实验室等平台。完善智能制造信息管理平台，开展制造业企业智能化能力测评，绘制制造业智能化发展态势地图。加快建设重庆市产业数字化赋能中心。用好公共服务平台，推进工业互联网平台和产业监测，开展诊断评估、咨询设计、成效评价、供需对接。积极创建工业互联网国家新型工业化产业示范基地。（责任单位：市经济信息委、市科技局、市国资委、市通信管理局，各区县）

5. 加快推进智慧园区建设。加快建成功能集成完善、运行调度有力、管理精准到位、企业服务高效和市、区县两级互联互通的智慧园区管理平台、公共服务平台，综合运用大数据、人工智能、物联网等技术手段深度优化园区建设、运营与服务水平，促进园区数字化、网络化、智能化转型，赋能入园企业发展。（责任单位：市经济信息委、市大数据发展局，各区县）

四、保障措施

（一）加强组织领导。切实发挥重庆市制造强市建设领导小组作用，统筹推进融合发展各项工作。增强智力支撑，依托智能制造和工业互联网专家咨询委员会，开展前瞻性、战略性问题研究咨询。强化考核督查，将智能化赋能行动纳入各区县年度考核督查内容。各区县结合实际制定年度工作计划，做好任务清单化管理。（责任单位：市经济信息委，各区县）

（二）加强法治保障。聚焦无人驾驶、工业互联网等新兴领域，开展地方立法调研和创新，为新产业、新业态提供良好的法律保障。加大对专利、数字版权、企业商业秘密、个人隐私等数据信息的保护力度。（责任单位：市司法局、市委网信办、市发展改革委、市经济信息委、市公安局、市交通局、市商务委、市市场监管局，各区县）

（三）强化政策支持。全面落实西部大开发企业所得税、鼓励类项目进口设备免税、重大技术装备进口税收减免、首台（套）重大技术装备保险和新材料首批次应用保险补偿机制试点、研发费用加计扣除等政策。加大对制造业智能化发展的财税政策扶持力度，引导企业加大软件和信息服务投资比例，创新应用"揭榜挂帅"等机制开展项目遴选和扶持。在市级科技、人才等专项安排上向智能化相关领域重点倾斜。探索发挥股权投资机构、交易市场作用，鼓励银行、保险等金融机构加大智能化领域支持力度，支持人工智能、工业互联网等领域企业上市融资。鼓励区县结合产业特点和实际需求，科学制定智能化赋能各项政策，形成市、区县两级梯度政策体系。（责任单位：市财政局、市经济信息委、市科技局、市国资委、市金融监管局、重庆市税务局、市人力社保局、重庆银保监局，各区县）

（四）加强人才培养。鼓励高等院校、职业院校加强智能化领域相关学科专业建设。鼓励企业与高等院校、科研院所共建实验室、专业研究院或交叉研究中心，加强共享型工程实习基地建设，培养高素质应用型、复合型、创新型智能化领域技术技能人才。加快智能制造、大数据和区块链工程技术人员培养。支持高等院校创建国家现代产业学院。通过巡回展示活动、专题培训班等形式，加大对企业人才和党政干部的培训力度。（责任单位：市人力社保局、市教委、市经济信息委、市国资委，各区县）

（五）加强示范宣传。加大制造业智能化赋能行动试点示范项目建设力度，开展年度示范案例评选工作，编制智能化赋能优秀项目案例集，加强宣传展示和推广应用。高质量举办中国国际智能产业博览会，组织开展现场会、经验交流会、高峰论坛、大赛等活动，加强新闻媒体对制造业智能化领域的宣传报道，进一步营造良好发展氛围。（责任单位：市经济信息委、市国资委，各区县）

（六）加强安全保障。推进重庆市工业互联网安全态势感知平台和应急管理平台建设，开展安全风险监测、态势研判、预警通报、应急管理、安全检查等工作，强化工业控制系统、工业互联网平台和工业互联网基础设施的安全保障。建立重要工业信息安全保护对象清单，依法开展关键信息基础设施保护和网络安全等级保护工作，推进工业互联网企业网络安全分类分级管理。加强工业信息安全市场化服务供给，推进工业信息安全技术支撑队伍建设，构建工业信息安全事件应急处置的技术支撑预备力量。制定重庆市工业信息安全管理实施办法、重庆市工业信息安全事件应急预

案。（责任单位：市经济信息委、市委网信办、市公安局、市应急局、市通信管理局、市密码局，各区县）

（七）加强交流合作。深度融入共建"一带一路"、长江经济带发展和成渝地区双城经济圈建设，加强国内外广泛合作交流，与四川省共建成渝地区工业互联网一体化发展示范区。鼓励企事业单位、产业组织等与国内外企业、机构在技术标准、资源分配、业务发展等领域开展务实合作。鼓励本市企业参与并购、参股国内外先进的智能化赋能企业，支持在市外建设工业互联网平台。鼓励跨国企业、国际组织围绕制造业数字化先进技术在渝设立研发机构和人才培训中心。（责任单位：市经济信息委、市发展改革委、市商务委、市科技局、市国资委，各区县）

重庆市制造业绿色发展行动实施方案

为推动工业经济绿色发展，全面提升制造业绿色发展水平，根据《中共重庆市委重庆市人民政府关于进一步推动制造业高质量发展加快建设国家重要先进制造业中心的意见》《重庆市制造业高质量发展"十四五"规划（2021—2025年）》（渝府发〔2021〕18号）等文件精神，特制定本方案，实施期限为2021—2025年。

一、总体思路

落实碳达峰碳中和、能耗"双控"要求，坚持走"产业生态化、生态产业化"协同发展之路，打造绿色发展新引擎，构建绿色发展新格局，塑造绿色发展新优势，促进工业文明与生态文明和谐共融，全力打造国家重要先进制造业中心。

二、发展目标

到2025年，全市制造业绿色发展水平明显提高，规模以上工业企业单位增加值能耗、水耗较"十三五"末分别下降16%、20%，大宗工业固废综合利用率保持在70%以上，钢铁、水泥、造纸等行业清洁生产水平显著提升，部分领域碳排放接近峰值，建成绿色园区30个、绿色工厂300家、节水型企业100家，开发绿色产品100种。

三、主要任务

（一）严守产业政策底线。从源头着手，全面推行负面清单管理，强化产业准入和落后产能退出，严格落实项目环境保护"三同时"制度，严控高耗能、高耗水行业产能扩张，坚决防范不符合准入条件的产能向我市转移，形成工业绿色发展的硬性约束机制。持续优化产业布局，在统筹区域产业布局的基础上，支持区县差异化特色发展，加快发展能耗低、污染少的先进制造业和战略性新兴产业，大力调整产品结构，积极开发高附加值、低消耗、低排放产品。（责任单位：市发展改革委、市经济信息委、各区县）

（二）实施节能降碳行动。大力发展战略性新兴产业及低能耗、低排放的传统产业，遏制"两高一资"项目建设，推动现有企业提升可再生能源应用比例和建设分布式能源中心，持续优化能源消费结构。支持企业实施综合能效提升、余热余压利用、高效电机及工业窑炉利用等节能技术改造项目，降低单位产出能耗。持续开展节能监察和节能诊断行动，落实阶梯电价和差别电价政策，确保重点企业单位产出能耗稳中有降。研究水泥、钢铁、火电等行业碳达峰路径，引导相关企业实施低碳发展战略，控制生产过程温室气体排放，推动工业碳捕集、利用与封存等工业低碳技术推广应用，确保如期实现碳达峰目标。（责任单位：市经济信息委、市发展改革委、市生态环境局，各区县）

（三）实施工业环保行动。指导督促环境污染重点监管工业企业和各工业园区污水处理设施运营单位，围绕淘汰落后产能、规范排污方式等方面严格落实环境保护主体责任，持续落实工业环保"一岗双责"工作机制。加强工业用水定额宣贯，全面淘汰高耗水工艺、技术和装备，开展水平衡测试、用水审计和水效对标，进一步提升工业水效。推广高效冷却、洗涤、循环用水、废污水再生利用、高耗水生产工艺替代等节水工艺和技术，推进现有企业和园区开展以节水为重点的绿色高质量转型升级和循环化改造，实现"节流减污"。定期发布重庆市清洁生产技术推广目录，支持企业使用无毒无害或低毒低害原料、采用污染物削减和超低排放等先进适用技术实施清洁化改造，实现生产过程清洁化目标，从源头减少或避免污染物的产生。（责任单位：市经济信息委、市发展改革委、市水利局、市生态环境局，各区县）

（四）推进资源综合利用。坚持高值化、规模化、集约化利用原则，推进冶炼钢渣、粉煤灰、炉渣、脱硫石膏等大宗工业固废综合利用重点项目建设，提升大宗工业固废综合利用水平。加快推进钛石膏低温干燥技术项目、磷石膏加工水泥缓凝剂和建筑石膏粉项目，着力提升我市磷石膏、钛石膏、赤泥、电解锰渣等工业固废综合利用水平。围绕废钢、废铝、废旧轮胎、废塑料、医用输液瓶（袋）等主要再生资源行业，落实行业规范条件要求，建立公告企业动态监管长效机制，促进再生资源产业持续健康发展。以废钢、废铝、铸造废砂的综合利用为重点，推动短流程炼钢、再生铝、废砂循环利用等产业发展，培育一批再生资源行业骨干企业。加强电池溯源管理、合作共建共享回收利用网点、梯级利用和再生利用，规范退役动力蓄电池收集、暂存、运输、集中贮存等环节管理，形成较为合理

的电池回收、处置及拆解网点布局。（责任单位：市经济信息委、市商务委、市生态环境局，各区县）

（五）发展节能环保产业。按照"一区两群"功能定位，以再生铝、再生铸造砂等基础好、潜力大的产业为主导，打造一批资源综合利用基地，提升资源综合利用产业集聚度。在垃圾焚烧、大气污染治理、固废处理等领域打造一批国内领军企业，提升总集成总承包能力。以承接工程建设推动现有环保成套装备企业向系统设计、设备制造、工程施工、调试维护、运营管理一体化的综合服务商发展，支持制造企业服务化延伸。聚焦工业窑炉、电机等通用设备，推动新材料和智能控制技术植入，提高工业窑炉、电机节能水平，在终端消费类产品和工业装备类产品中打造一批"能效之星"产品。推广包括高效 IT 设备、制冷系统、供电系统等有利于提高服务器利用率的技术产品及可再生能源利用、分布式供能、微电网建设的技术产品，加快绿色数据中心建设。（责任单位：市发展改革委、市经济信息委、市生态环境局、市市场监管局，各区县）

（六）构建绿色制造体系。全面推进企业清洁生产评估帮扶工作，引导企业以绿色工厂指标体系为发展目标，加快创建绿色工厂。指导工业园区将绿色发展理念贯穿于园区规划、空间布局、产业发展、能源利用、资源利用、基础设施、生态环境、运行管理等方面，实现园区布局集约化、结构绿色化、链接生态化，提升园区绿色化水平。完善推广评价认证体系，引导企业开发低能耗、高品质、绿色化产品，提升绿色产品体量。引导支柱行业龙头企业实施绿色供应链战略管理，推动上下游企业共同提升资源利用效率，改善环境绩效，打造一批绿色供应链管理企业。（责任单位：市经济信息委、市市场监管局，各区县）

四、保障措施

（一）加强组织领导。各区县要充分认识工业绿色发展的重大意义，将推进工业绿色发展作为推动生态文明建设的一项重要任务，加强组织领导，健全工作机制，制定本地区工业绿色发展的目标任务和工作方案。市级有关部门要协同发力，建立责任明确、协调有序、监管有力的工业绿色发展工作体系，保障绿色发展目标任务完成。（责任单位：市经济信息委，市级有关部门，各区县）

（二）强化政策引导。逐步整合现有市级相关专项资金，完善"以奖代补"等资金支持机制，有效带动社会资金投入。支持企业、园区开展绿色制造体系及重点项目建设，支持重点工业企业节能节水减排技术改造，支持资源综合利用、共性技术研发和产业化示范等重点工程建设。各区县要制定绿色制造政策措施，统筹安排专项配套资金，重点支持绿色制造类项目，对获得认定的绿色工厂、绿色产品、绿色园区、绿色供应链给予资金奖励，并在政府采购上给予优先待遇。（责任单位：市财政局、市经济信息委，各区县）

（三）强化目标约束。各区县要结合本地区资源禀赋、战略定位、产业导向等因素，灵活运用政策措施，充分发挥市场作用，加强舆论宣传引导，多措并举调动企业绿色发展积极性、自觉性，提高公益组织、行业协会、产业联盟、舆论监督等参与度。进一步压实区县属地责任，市级有关部门要将工业节能低碳、绿色制造体系建设等纳入年度考核，综合施策提升我市工业绿色发展水平。（责任单位：市发展改革委、市生态环境局、市经济信息委，各区县）

重庆市制造业领军企业培育行动实施方案

为加快制造业领军企业培育，根据《中共重庆市委重庆市人民政府关于进一步推动制造业高质量发展加快建设国家重要先进制造业中心的意见》《重庆市制造业高质量发展"十四五"规划（2021—2025 年）》（渝府发〔2021〕18 号）等文件精神，制定本实施方案，实施期限为 2021—2025 年。

一、总体思路

聚焦重点行业和 33 条重点产业链条，按年度甄选一批发展潜力较大的制造业（含软件服务业，下同）企业，"一企一策"打造具有生态主导力和核心竞争力的领军企业，同步培育兼具爱国、创新、诚信、社会责任和国际视野的优秀企业家队伍，带动产业链上中下游融通发展。

二、发展目标

在汽车摩托车、电子等重点行业细分领域着力培育一批体量规模大、行业影响面广、整体带动力强和研发能力突出的总部型领军企业，力争到 2025 年重点培育领军企业数达到 30 家。在集成电路、新型显示、软件产业等重点提升产业链条各培育 1~3 家"链主"企业。到 2025 年，重点培育领军企业和"链主"企业营收总额达到 1.3 万亿元、年均增速超过 10%，占全市工业经济比重达到 40%。

三、主要任务

（一）提升重点培育企业创新能力。加强研发机构建设，支持重点培育企业建设国家级和市级制造业创新中心、重点实验室、企业技术中心，发起（参与）产学研联盟建设，夯实企业创新平台载体。激发人才队伍活力，持续实施重庆英才计划，探索推进企业工程技术人才、高技能人才和高等院校科技人才双向流动计划，鼓励重点培育企业建立首席技术官、首席技师等制度，提高科技人才薪酬待遇，对贡献突出的给予股权、期权激励。加大研发投入规模，继续完善企业研发准备金奖励制度，落实好制造业企业研发费用加计扣除等政策，支持重点培育企业加大研发投入规模。

加强重点领域突破，探索建立市级产业发展、科技创新等专项资金对重点培育企业科技攻关项目给予连续稳定支持的政策举措，支持重点培育企业积极承接国家重大科技专项、产业基础再造工程等技术攻关项目，加快突破一批核心技术、投放一批拳头产品。支持开展联合攻关，鼓励重点培育企业与产业链上下游企业建立"整机+关键零部件+关键材料"协同攻关机制，促进创新成果与产业链供应链体系无缝衔接，实现创新融通。（责任单位：市经济信息委、市科技局、市发展改革委、市委组织部、市人力社保局，各区县）

（二）巩固重点培育企业竞争优势。深化实施智能制造，支持重点培育企业应用数字化智能化生产装备和信息管理系统，加快建设数字化车间和智能工厂，争取形成若干智能制造"灯塔"工厂，提升生产效率和质量稳定性，降低生产成本。加快工业互联网发展步伐，推动重点培育企业加快所在行业领域工业互联网二级节点建设，搭建综合型、特色型和专业型工业互联网平台，带动中小企业"上云"，促进产业链供应链上下游信息开放共享、精准对接；支持重点培育企业深化与软件信息服务企业合作，开发面向所在产业领域主要工序的云化软件，提升工业互联网平台对产业链上下游企业的吸引力。大力发展新业态新模式，支持重点培育企业积极开展5G、数字孪生、时间敏感网络等应用场景研究，通过新应用场景催生新业态新模式，形成新的增长点。（责任单位：市经济信息委、市大数据发展局、市通信管理局，各区县）

（三）拓展重点培育企业市场空间。提高产品供给质量，引导重点培育企业开展增品种、提品质、创品牌"三品"行动，推进统一品牌形象、统一质量标准、统一追溯机制、统一包装标识建设，加快新产品和迭代产品开发投放，通过高质量供给满足高品质需求。加快新品上市推广，优化首台（套）重大技术装备保险补偿和激励政策，推动首台（套）装备、新批次材料、首版次软件示范应用。积极延伸服务链条，支持重点培育企业增加服务环节投入，设立独立设计部门延长服务链条，依托重点产品开展设备健康管理、远程运维服务等后市场业务。推广新的营销模式，引导重点培育企业加强市场需求预测分析，健全网络精准营销体系，加快营销模式向智能化、网络化、平台化转型，通过新模式、新业态增强对特定细分领域吸引力，巩固和提升在产业链上下游地位。着力拓展国外市场，抓牢RCEP（区域全面经济伙伴关系协定）签署契机，发挥我市国际物流通道优势，支持重点培育企业依托进博会、服贸会、智博会、西洽会等展会平台提升国际影响力；加强对重点培育企业海外投资贸易规则等方面的指导培训，通过跨境电子商务、国际营销网络等渠道开拓全球市场。（责任单位：市经济信息委、市商务委、市国资委、重庆海关，各区县）

（四）推动重点培育企业兼并重组。加快资源要素重组，支持重点培育企业立足产业链上下游一体化发展，在产能、品牌、渠道等方面开展跨地区、跨所有制兼并重组，组建大型现代企业集团，快速做大经营规模，提升在本领域产业生态中的话语权和主导权。鼓励实施境外并购，引导重点培育企业通过收购兼并、股权投资、合资经营、品牌联盟等形式"走出去"，以"资本换技术"获取国外战略资源，成长为具有规模优势、渠道优势、技术优势、品牌优势和一定国际话语权的跨国企业。深化开展金融合作，鼓励重点培育企业抓住国内资本市场扩大开放带来的战略机遇，加强与证券公司、资产管理公司和各类投资基金合作，通过发行股票、债券、可转换债等方式开展兼并重组融资，以市场化手段和资本化运作方式实现跨越发展。（责任单位：市经济信息委、市国资委、市科技局、市商务委、市市场监管局、市金融监管局、重庆证监局，各区县）

（五）提高重点培育企业管理水平。积极推进降本增效，鼓励重点培育企业对人、财、物等各类要素资源开展全过程管理，通过分立、转让、关闭清算等方式整顿处理低效无效资产和业务。强化全过程质量管理，引导重点培育企业接轨国际、国内同行业先进标准，加强研发设计、采购、生产、包装、检验、库存、运输、销售、服务等全过程质量管理，向配套企业开展贯标培训，推动全产业链上下游标准体系贯通。优化内部绩效管理，支持重点培育企业根据业务特点创新组织运营体系，探索引入内部市场化经营机制，赋予内部经营体更多的责、权、利，最大限度调动员工积极性，激发内在活力和创造力。推进全面风险管理，支持重点培育企业健全重大投资决策责任制度，探索建立风险准备金制度，严格安全生产管理，树立诚信经营和积极履行社会责任形象，多维度预防和控制企业战略、财务、产品、市场、运营、法律等方面风险。（责任单位：市经济信息委、市科技局、市市场监管局，各区县）

（六）培育优秀企业家队伍。加强企业家培训，以重点培育企业主要经营管理者为对象，强化与国内一流高等院校等方面的合作，在创新能力提升、决策管理水平提高、国际经营视野拓展等方面开展精品化、专题化、特色化研修，提升企业家生产管理、市场开拓、品牌培育、决策经营能力和水平。深化企业家交流，在经营管理、生产组织、产业链协同、供应链保障、人才引进、创新研发等重点领域，分门别类制定年度企业家主题沙龙交流计划，搭建企业家交流平台。弘扬优秀企业家精神，积极推荐重点培育企业负责人参与全市优秀企业家评选，联合第三方机构评选制造业"十大影响力年度人物"，树立标杆、宣传典型。（责任单位：市经济信息委、市人力社保局、市政府新闻办、市国资委，各区县）

四、保障措施

（一）加强组织领导。在重庆市制造强市建设领导小组框架下设立领军企业培育工作组，负责统筹推进领军企业培育工作，工作组办公室设在市经济信息委。各区县政府、开发区管委会明确具体部门推进领军企业培育工作，协调解决企业发展过程中遇到的困难和问题。（责任单位：市经济信息委，市级有关部门，各区县）

（二）加强要素保障。对重点培育企业扩能技改用地需求予以充分保障，全面兑现落实各类惠企政策，全力保障企业用能、用工、融资、物流运输需求。对重点培育企业申报各类专项资金予以重点支持，适当放宽支持资金上限标准，更加注重通过连续支持的方式巩固和扩大培育效果。（责任单位：市经济信息委、市财政局、市规划自然资源局，市级有关部门，各区县）

（三）加强指导服务。建立制造业领军企业培育"一企一策"方案，明确发展目标、成长路径、帮扶举措。市经济信息委建立班子成员"一对一"联系机制，为企业纾"痛点"、破"难点"、解"卡点"。（责任单位：市经济信息委，市级有关部门，各区县）

（四）加强动态管理。加强对重点培育企业产值、产量、营收、利润等核心指标走势监测，完善问题收集、分办和跟踪问效机制。市经济信息委每季度梳理形成领军企业培育工作推进情况，每年度开展培育成效评估，针对性提出改进措施。（责任单位：市经济信息委，市级有关部门，各区县）

成都市人民政府关于印发成都市支持制造业高质量发展若干政策措施的通知

成府规〔2023〕2 号

各区（市）县政府（管委会），市级有关部门，有关单位：

现将《成都市支持制造业高质量发展若干政策措施》印发你们，请抓好贯彻落实。

成都市人民政府

2023 年 3 月 27 日

成都市支持制造业高质量发展若干政策措施

为贯彻落实成都市关于坚定不移实施制造强市战略推进制造业高质量发展相关精神，加快推进新型工业化，建设国家制造业高质量发展示范区，制定本政策措施。

一、支持产业建圈强链

（一）培育先进制造业集群。支持国家级先进制造业集群、战略性新兴产业集群和创新型产业集群培育建设，对纳入创建的给予集群发展促进机构最高 1 000 万元奖补，用于产业项目、公共服务、共性平台和自身建设等。（责任单位：市经信局市新经济委、市发改委、成都高新区管委会）

（二）引育产业链重点企业。对产业链支撑性龙头项目、关键性配套项目，按固定资产投资的 5% 分别给予最高 1 000 万元、500 万元支持；对特别重大的产业项目，按"一事一议"原则给予固定资产投资补贴、贷款贴息、贡献奖励、股权投资等综合支持，市、区（市）县两级联合推动落地。积极保障"链主"企业和公共平台用地，允许其在保持用地性质、用途不变前提下，将一定比例的生产用房转让给相关企业。〔责任单位：市经信局市新经济委、市投促局、市发改委、市规划和自然资源局，各区（市）县政府（管委会）〕

（三）提升供应链现代化水平。支持企业用好成都口岸物流资源优势，构建安全稳定的供应链体系。鼓励龙头企业和企业联盟开放供应链体系，对获得市级以上（含市级，下同）主管部门认定且正式推行的供应链创新应用示范企业，给予一次性奖励。鼓励企业就近供应链采购，按新增采购额的1%给予最高100万元奖励。对列入市级以上推广使用的行业供应链平台，按照实际投入的50%给予每年最高200万元补贴，最长补助3年。（责任单位：市口岸物流办、市经信局市新经济委、市金融监管局）

二、支持制造业创新发展

（四）加大企业研发投入。根据企业年度实际研发经费投入，市重点监测企业按每增加3 000万元给予100万元补助，年度最高补助1 000万元；企业将市外研发的新产品投入我市生产，可根据新产品研发经费投入，按"一事一议"原则给予研发补助；专精特新企业按每增加200万元给予20万元补助，年度最高补助500万元。（责任单位：市经信局市新经济委、市统计局、市科技局）

（五）支持核心技术攻关。支持企业牵头开展关键核心技术攻关和重点创新产品研制项目，给予项目最高1 000万元支持。支持企业、高校院所联合申报国家重点产品、工艺"一条龙"应用示范等产业基础再造工程项目，按照国家支持比例的20%给予最高500万元支持。支持企业主导制（修）订国际、国家和行业技术标准，给予最高60万元奖励。（责任单位：市科技局、市经信局市新经济委）

（六）支持创新成果转化应用。完善政府首购、订购创新产品制度，建立健全创新产品推广应用合格免责机制。支持首台套、首批次、首版次产品市场化应用，按产品实际销售总额分别给予研制和应用单位最高300万元补贴；支持保险公司实施创新产品保险，按保险公司实际赔偿额的20%给予最高1 000万元补助。对重大科技成果在蓉落地转化的，按研发投入和贡献给予最高1 000万元补贴。（责任单位：市纪委监委机关、市经信局市新经济委、市科技局、市发改委、市国资委、市市场监管局、市金融监管局）

（七）支持重大创新平台建设。梯度培育产业创新中心、技术创新中心、制造业创新中心等重大创新平台，对新获批的国家级创新平台，按照"一事一议"原则给予综合支持，对新获批的省级制造业创新中心，给予最高 1 000 万元补贴。支持建设服务产业建圈强链、面向行业开放的中试熟化、概念验证、小批量试生产等中试平台,按设备购置费用的 30% 给予最高 3 000 万元补贴,连续 3 年按平台年度服务性收入的 30% 累计给予最高 500 万元运行补贴。(责任单位:市发改委、市科技局、市经信局市新经济委)

三、支持制造业转型升级

(八)加快制造业数字化转型。支持大企业建设工业互联网平台,推动工业 APP 向平台集聚,对市级示范平台按项目投资额的 15% 给予最高 500 万元补助,对获评国家级双跨平台的给予 500 万元奖励。采取"揭榜挂帅"方式,支持企业在生产经营各环节开展数字化重大应用示范,按项目投资额的 15% 给予最高 1 000 万元补助。支持企业"上云用数赋智",按上云星级给予企业最高 100 万元补助。(责任单位:市经信局市新经济委)

(九)加快制造业智能化转型。免费开展工业企业智能化诊断服务,支持企业开展"两化融合"贯标、智能制造能力成熟度评估评价,对评优企业给予最高 50 万元奖励。支持数字化车间、智能工厂建设,对通过市级认定的企业,给予最高 50 万元奖励;对入选国家工业互联网、智能制造示范工厂和优秀场景的企业,给予最高 100 万元奖励;对入选全球"灯塔工厂"的企业,给予 300 万元奖励。加强园区新型基础设施建设,提升数字化智能化管理服务水平,对获评星级智慧园区的给予最高 300 万元奖励。加大成都市重点中小企业、专精特新中小企业培育力度,对企业固定资产投入或信息化投资,给予最高 120 万元补助。(责任单位:市经信局市新经济委)

(十)加快制造业绿色化转型。加快发展绿色低碳产业,采取"赛马制"确定 6 个重点产业园区,市级财政连续 3 年累计给予最高 1 亿元支持,对符合条件的项目按规定给予新增政府债券重点支持。开展重点用能企业免费节能诊断,鼓励企业实施节能技术改造,按节能量给予最高 200 万元补助。支持绿色园区、绿色工厂、绿色供应链管理企业、绿色设计产品建设,给予最高 100 万元补助。(责任单位:市经信局市新经济委、市发改委、市生态环境局)

(十一)加快传统产业转型升级。支持企业运用新技术、新装备、新工艺实施改造升级,按实际投入的 5% 给予最高 1 000 万元补助,软件、检测、智能化集成、研发外包服务等投入纳入支持范围。支持传统行业面向新消费转型升级，对典型项目给予不超过 50 万元一次性奖励。加快落后产能淘汰，对淘汰设备（生产线）的企业给予最高 200 万元补助。（责任单位：市经信局市新经济委）

四、支持发展现代都市工业

（十二）鼓励"工业上楼"。鼓励新建、改建三层及以上的工业厂房，按 100 元/平方米给予最高 300 万元补助；对租赁综合楼宇、多层标准厂房企业，给予最高 100 万元/年/户的租金支持。区（市）县可根据区域发展实际对企业购买、租赁产业用房给予资金支持。允许具有试验、验证、生产环节的企业在符合安全、环保要求且通过区（市）县经信部门认定的前提下，在非住宅性楼宇中注册落户。〔责任单位：市经信局市新经济委、市规划和自然资源局、市住建局，有关区（市）县政府（管委会）〕

（十三）大力发展总部经济。支持制造业企业在蓉设立区域总部和生产制造、研发设计、运营结算等功能型总部，按产值及财力贡献，对新引进总部企业给予 1 000 万元一次性落户奖励、对存量总部企业给予最高 2 000 万元提能升级奖励，并在用地供应、人才保障、金融服务等方面给予支持。对认定的成都市中小企业公共服务平台、小企业创业基地，按照提升服务能力、开展服务活动的实际支出给予最高 200 万元补助。（责任单位：市经信局市新经济委、市商务局）

（十四）建强都市工业载体。对纳入重点创新实践的产业功能区（产业社区）、特色街巷、专业楼宇，按公共配套设施实际投入的 10% 分别给予最高 5 000 万元、1 000 万元、500 万元补助。鼓励专业化运营机构参与创新实践，按照招商推广、形象建设、场景营造实际投入的 20% 给予最高 500 万元支持。对入驻市级以上中小企业创业创新基地的初创型企业，按生产经营场地租金投入的 50%，给予最高 30 万元补助。（责任单位：市经信局市新经济委、市国资委）

五、支持企业做强做优做大

（十五）培育高精尖特企业。全面落实研发费用加计扣除、高新技术企业所得税减免等政策。对新获批的国家级企业技术中心、工程研究中心、工业设计中心、技术创新示范企业等给予最高 300 万元一次性奖励。

支持企业专精特新发展，对获评国家级制造业单项冠军示范企业（产品）、专精特新"小巨人"的企业，分别给予 100 万元、30 万元奖励。（责任单位：市经信局市新经济委、市科技局、市财政局、国家税务总局成都市税务局）

（十六）壮大企业规模能级。对首次进入规模以上的入库工业企业给予最高 30 万元奖励。对年度营业收入达一定规模的企业给予最高 100 万元梯度奖励，年度营业收入达到 100 亿元后，每跨越一个百亿台阶再给予 100 万元奖励。对首次评为世界 500 强、中国企业 500 强或民营企业 500 强、中国制造业企业 500 强的企业，分别给予 2 000 万元、1 000 万元、300 万元一次性奖励。支持在蓉注册的制造业企业利用资本市场加快发展，对在沪深北交易所上市的企业，给予最高 500 万元奖励。（责任单位：市经信局市新经济委、市金融监管局）

（十七）加强企业品牌培育。支持"成都智造"产品入选地方名优产品推荐目录，对首次评为工业精品的给予 30 万元奖励。对获得中国质量奖、天府质量奖和成都市市长质量奖的企业，给予最高 100 万元一次性奖励，获得提名的给予最高 50 万元一次性奖励。支持标准引领创新，对获得中国标准创新贡献奖标准项目奖、组织奖、个人奖的单位（个人）分别给予最高 200 万元、100 万元、10 万元一次性奖励。（责任单位：市经信局市新经济委、市市场监管局）

六、加强产业空间保障

（十八）加强工业用地供给。在年度国有建设用地出让时，工业用地供应不低于 30%。加大重点产业用地保障力度，在具备供地条件下，对支柱产业、新兴产业和未来产业市级以上重大项目按需"随用随供"，单独选址的产业项目所需新增建设用地年度计划指标由所在区（市）县优先保障，不足部分，年底视全市计划指标结余情况予以倾斜支持。[责任单位：市规划和自然资源局、市经信局市新经济委，各区（市）县政府（管委会）]

（十九）鼓励集约高效用地。实施工业用地弹性供应，加快工业"标准地"改革，存量工业用地新增工业厂房或增加原厂房层数的，不再增收土地价款。鼓励区（市）县通过收回、促建方式加快处置闲置工业用地，可依照"增存挂钩"原则，按不高于当年处置面积的 50%安排年度用地计划指标。[责任单位：市规划和自然资源局、市经信局市新经济委、市发

改委、市财政局，各区（市）县政府（管委会）〕

（二十）降低产业用地成本。动态调整工业用地出让指导价标准，对鼓励类项目实行地价优惠政策，实行差异化土地供应价格。对符合规划导向和产业准入的重大产业化项目，可按不低于宗地评估价（指导价）的70%、且不低于基准地价的70%确定土地出让起始价。（责任单位：市规划和自然资源局、市经信局市新经济委）

七、加强资源要素支撑

（二十一）加强产业人才支撑。实施产业建圈强链人才计划，赋予"链主"企业等市场主体人才评审权，对入选人才给予30万元资金资助，以及子女入学、人才安居、交流培训等配套服务。对"链主"企业新引进急需紧缺专业技术人才，给予最高3 000元/月的安家补贴。对重点产业重点领域作出突出贡献、年收入高于40万元的高端人才，按其年度个人收入的5%~20%给予奖励。〔责任单位：市委组织部、市经信局市新经济委、市人社局、市教育局、市住建局，有关区（市）县政府（管委会）〕

（二十二）强化金融服务支持。统筹构建目标总规模3 000亿元以上的制造业发展基金体系，带动社会资本投资。鼓励种子基金、天使基金、股权投资基金的风险容忍度大于30%。强化制造业信贷支持，力争实现制造业贷款增速不低于全市各项贷款增速。鼓励金融机构为制造业企业提供"投贷联动"等个性化金融创新产品服务。（责任单位：市科技局、市国资委、人行成都分行营管部、市金融监管局、市经信局市新经济委）

（二十三）降低企业信贷成本。对申请"壮大贷"获得贷款的中小企业，按不高于贷款市场报价利率的50%给予贴息，单户企业最高80万元；担保机构对我市中小企业形成的贷款担保代偿，按最高15%给予补助，单个机构最高300万元补助。（责任单位：市金融监管局、市经信局市新经济委）

（二十四）增强企业用能保障。强力推进能源供给结构优化和电力网架结构建设，鼓励企业自建储能设施（含自备发电机组），给予230元/千瓦建设补贴。合理清洁能源总量统筹和时序安排，优先保障高效益、高产出项目用能需求。支持企业申报享受战略长协、电能替代、留存电量、富余电量等特殊电价，对绿电制氢项目给予0.15~0.20元/千瓦时的电费支持。（责任单位：市经信局市新经济委、市发改委）

（二十五）加强数据赋能支撑。支持企业自建数据服务平台、产业链网络化协同平台并对外服务，按照投资额的 20%给予最高 300 万元补助。鼓励企业或机构建立公共开放的数字化转型促进中心和数字化开源社区，按照年度运营成本的 10%给予运营企业或机构最高 100 万元补助。（责任单位：市经信局市新经济委、市发改委）

本政策自 2023 年 4 月 30 日起施行，有效期 5 年。此前规定与本政策不一致的，以本政策为准。本政策措施由市经信局市新经济委承担具体解释工作。

成都市人民政府办公厅关于印发
成都市工业稳链补链行动方案（2020—2022年）的通知

成办发〔2020〕59号

各区（市）县政府（管委会），市级有关部门，有关单位：

《成都市工业稳链补链行动方案（2020—2022年）》已经2020年5月11日市政府第92次常务会议审议通过，现印发你们，请认真组织实施。

成都市人民政府办公厅

2020年6月22日

成都市工业稳链补链行动方案（2020—2022年）

为推动全市工业稳链补链，促进全市工业稳定运行和高质量发展，制定本行动方案。

一、总体思路

以习近平新时代中国特色社会主义思想为指导，深入贯彻落实中央"六稳""六保"工作要求，主动应对新冠肺炎疫情对全市工业产业链供应链带来的挑战，进一步摸清全市重点产业链的"薄弱缺"环节，围绕重点企业、核心产品保障企业供应链稳定，促进创新链和产业链深度融合，加强产业链配套本地化，推动供应链多元化，加快先进制造业和现代服务业融合发展，持续推动全市工业稳定运行和高质量发展。

二、工作目标

到2020年年底，全市重点企业生产经营总体稳定，持续向好，供应链基本稳定，产业链核心环节"薄弱缺"状况有所改善，创新能力不断提升，区域协同机制加速构建，本地企业加快关联集成。到2022年年底，产业链更加稳固、供应链更加多元化，重点产业本地可配套率提升10个百分点以上，产业链创新链持续深度融合，产业区域核心竞争力显著增强，电子信息、医药健康等产业进入全国第一方阵。

三、重点任务

（一）稳链保生产

稳定企业生产。深入开展全市重点产业大体检，摸清产业链的"薄弱缺"环节，做好"体检方案"、谋划"治疗方案"、准备"急救方案"。深入实施"送政策、帮企业、送服务、解难题"专项行动，坚持"专班专员"服务，抓大稳小全覆盖，及时协调解决企业生产经营中的困难问题，帮助企业稳定运行、渡过难关。深入调研分析重点企业供应链运行情况，以原材料及零部件保供、产品运输、市场开拓为着力点，实施精准服务，量身定制解决方案，及时跟踪了解重点企业 2020 年排产计划，提前保障用工、用能等生产要素需求。千方百计保障生活用品、绿色食品、防疫物资、建筑材料等有市场刚性需求的企业达产超产。加快出台关于扶持小微企业保市场主体稳定发展的政策措施，从降低经营成本、强化消费刺激、优化政务服务等方面加大支持力度，全力稳定市场主体。做好企业原材料、关键零部件的供应保障，鼓励企业通过适当预置储备生产原材料、自建原材料基地等方式稳定供应，加快对转产保供关键环节企业的资质审批，支持电子信息、汽车、医药健康等行业协会（联盟）帮助可能出现国（境）外采购断供的企业寻找国内替代产品，分领域和行业整合本市企业产业链、供应链协作配套资源，解决产供销流通瓶颈问题，全力稳定企业生产。[责任单位：市经信局、市市场监管局、市人社局、市金融监管局、市商务局、市交通运输局、市口岸物流办、市财政局、各区（市）县政府（管委会）、各产业功能区管委会]

保障供应畅通。分类施策，力保涉及国（境）外采购的电子信息、装备制造、医药健康、新型材料、绿色食品重点产业企业国际供应链畅通。着力解决因国外新冠肺炎疫情爆发导致的国际航空货运能力不足、国际运输成本上升等问题，推动国际全货机定期航线和"蓉欧班列"稳定开行，协调指定目的地包机，鼓励目的地相近企业联合包机，提升通关效率，优化仓储服务，简化企业出口现场审核、报检、通关手续。支持企业增加原材料仓储量，用好保税物流"境内关外"制度以及企业享受税收、外汇、通关方面特殊政策，满足智能终端、电子元器件、药品、医疗器械、汽车零部件等产品的进出口需求。[责任单位：市口岸物流办、市经信局、市

商务局、成都海关、各区（市）县政府（管委会）、各产业功能区管委会〕

推动供应链多元化。优化供应链布局，对重点企业的供应链逐一分析评估，厘清供应链关键节点、重要设施和主要供应商等情况，重点针对涉及国（境）外、市外采购较多的集成电路、智能终端、汽车、高端装备等重点产业领域，开展"主配"牵手行动，鼓励龙头企业向本地中小企业开放供应链，实施本地供应商培育计划，引导中小企业围绕龙头企业的核心产品提供配套。加快推动供应链数字化和智能化，打造成都工业政企互通供需网上对接平台，建设电子元器件、高端装备部件协同中心等一批数字化供应链公共服务平台，优化产业链资源配置，提升企业供应链效率。建立供应链金融服务实体经济的产融平台，同时在产业生态圈内设立专业的线下金融服务工作站，以供应链金融手段助力产业链的健康发展。围绕仓储、流通、销售等环节，建设区域性国际供应链枢纽及资源配置中心，为企业提供供应链垂直融合服务与解决方案，构建面向全产业链服务的多级供应体系。〔责任单位：市经信局、市金融监管局、市口岸物流办、各区（市）县政府（管委会）、各产业功能区管委会〕

拓展多级市场。通过线上、线下两种渠道，拓展国内、国外两个市场，鼓励出口企业产品转内销，促进企业释放产能。加强新经济场景供给，支持人工智能、5G 等信息技术及绿色能源等新产品在"新基建"和城市管理领域的示范应用，提升政府采购中小企业货物、服务比例。持续开展"汽车下乡"等活动，拉动汽车、消费电子、家具等工业品消费，持续开展宣传推广活动。鼓励食品饮料、纺织服装、小家电等生活消费品生产企业采用线上平台等 B2C（直接面向消费者销售产品和服务零售模式）网络直销模式扩大市场规模。〔责任单位：市商务局、市博览局、市新经济委、市经信局、市农业农村局、市住建局、市财政局、各区（市）县政府（管委会）、各产业功能区管委会〕

（二）补链强产业

加强产业链供应链招商。针对产业链供应链"薄弱缺"环节，优化补链招商指引目录，围绕重点企业需求开展针对性配套企业招引，全市每年引进高能级产业链补链项目 300 个以上。充分发挥头部企业带动集成作用，围绕重点产业链精准招商，紧盯"三类 500 强"、大型央企、上市公司等龙头企业，通过产业链招商方式强化电子信息、汽车、医药等产业链，引进具有核心竞争力的高能级项目，持续开展投资促进"百日擂台赛"。加大 5G、人工智能、氢能、环保应急等新兴产业的产业链招引培育，加快引进一批高附加值项目。围绕集成电路产业链重点促进晶圆制造等项目，围绕航空制造产业链重点促进测控技术、大燃机等项目，围绕汽车产业链重点促进仿真工程中心等重大项目加快落地。〔责任单位：市投促局、市经信局、市新经济委、各区（市）县政府（管委会）、各产业功能区管委会〕

加快产业链项目促建。完善项目推进机制，成立"一对一"服务专班，建立全覆盖走访服务重大项目工作制度。深入实施产业链项目促建攻坚行动，促进签约项目尽快开工，开工项目加快建设，在建项目尽快投产，形成工业稳链强链的坚实支撑。坚持"一月一调度、一月一通报"，紧盯产业链关键项目，发挥项目专员专班作用，靠前一线"送服务"，定期召开项目专题协调会，高效务实解难题，全力推动产业链龙头项目开工建设。〔责任单位：市经信局、市规划和自然资源局、市住建局、市生态环境局、各区（市）县政府（管委会）、各产业功能区管委会〕

加快产品创新突破。围绕产业链布局创新链，推动产学研用深度融合，打通产业链创新转化通道。分析重点企业供应链需求，编制技术攻关及产品指南，支持企业联合高校院所实施产业集聚协同创新项目，开展 5G 中高频芯片、航空大部件、重大新药创制、基础材料等重大关键技术联合攻关。每年新建孵化器和众创空间 30 家以上，支持重大新药创制国家科技重大专项成果转移转化试点示范基地、国家中德智能网联汽车四川实验基地等一批重点产业关键核心技术成果转化平台建设，提高创新成果的本地转化率。鼓励研发生产补链产品，支持生物医药企业研发新冠病毒肺炎、HPV（人乳头瘤病毒）等新型疫苗产品，支持新型显示企业研制小尺寸 LTPS/AMOLED（低温多晶硅/有源矩阵有机发光二极体）产品，支持航空企业研制中小推力航空发动机、航电设备、无人机等产品。〔责任单位：市科技局、市经信局、各区（市）县政府（管委会）、各产业功能区管委会〕

加强产业链跨区域协作。抢抓国家"一带一路"建设重大机遇，积极推进国际产能合作，深度融入国际产业链分工体系，落实中央关于实施区域协调发展战略，建立更加有效的区域协调发展新机制，积极融入京津冀协同发展、粤港澳大湾区建设、长三角一体化、成渝地区双城经济圈等发展战略，促进产业链跨区域共建共享。促进成渝相互开放产业链，共同绘制集成电路、汽车等优势产业"两图一表"，支持龙头企业拓宽零部件供应渠道，搭建跨区域产业链配套体系，推动成渝共创航空发动机热物理试验装置、国家高端航空装备技术创新中心等重大科技创新平台，共建中试、检测等先进制造全产业链服务体系，共同打造电子信息、装备制造、医药健康等世界级先进制造产业集群。深化成德眉资产业协作，加快建设成德临港经济产业带、成眉高新技术产业带、成资临空经济产业带，加快谋划推动一批产业链重大项目。〔责任单位：市经信局、市发改委、市商务局、市投促局、相关区（市）县政府（管委会）、相关产业功能区管委会〕

四、政策措施

（一）支持企业稳定生产。对暂时陷入困难但有望扭亏止滑的工业企业，年度用能（用电、用气）费用和物流费用合计 200 万元以上的给予 1.5%、最高 100 万元的补贴。加强货源组织和运力安排，开发物流运输供需对接平台，合理完善特殊时期物资中转运输方案。对租用成都市小企业创业基地场地开展生产经营活动的小微企业，按照场地租金实际支出给予 50%、最高 30 万元的租金补助。对向重点工业企业输送劳动者稳定就业 6 个月以上的经营性人力资源服务机构，按 1 000 元/人标准给予补助。（责任单位：市经信局、市交通运输局、市口岸物流办、市人社局、市财政局）

（二）支持供应链平台建设。支持建设基础性、功能性、具有明显公益属性的行业供应链公共服务平台，对列入市级以上（含市级）推广使用的行业供应链平台，按照年度平台项目实际投入的 50%，每年给予最高 200 万元补助，连续补助三年。支持建设集成研发设计、集中采购、组织生产、物流分销、终端管理、金融服务、品牌营销等功能的供应链综合服务平台，对协同性强、辐射力广、发展优势大的企业供应链平台，按照平台项目实际投入的 30%，给予最高 300 万元一次性补助。（责任单位：市口岸物流办、市财政局）

（三）支持补链项目落地。对新增协议投资 1 亿元（含）以上且在签约一年内开工建设的补链项目，按开工时间起两年内实际固定资产投入给予最高 500 万元补助。对符合我市产业发展政策且固定资产投入达到 1 000 万元（含）以上的技术改造项目给予最高 500 万元的补助。对纳入年度中小企业成长工程培育名单的企业，申报期内固定资产投入达到 50 万元（含）以上或信息化投资达到 20 万元（含）以上的，按照不超过实际投入的 10%给予最高 100 万元补助。（责任单位：市经信局、市财政局）

（四）支持企业融入产业链供应链核心。向世界 500 强企业提供产品、加工和服务，年度配套额达到 1 000 万元（含）以上的企业，按照配套额的 2%给予单户企业最高 100 万元补助。本市零部件企业首次成为我市整车（整机）企业配套厂家，且配套产品年销售额在 1 000 万元（含）以上的，按照年销售额的 5%给予最高 200 万元奖励。纳入年度中小企业成长工程培育名单的企业，为融入龙头企业供应链实施的固定资产投资项目，在给予不超过实际投入 10%、最高 100 万元补助的基础上，补助金额再上浮 20%。（责任单位：市经信局、市财政局）

（五）支持协同创新和成果就地转化。支持企业牵头面向我市产业功能区主导产业和特色优势产业，联合产业链上下游企业、高校院所和产业技术创新联盟等实施产业集群协同创新，给予最高不超过 1 000 万元补助。对新获批建设的国家产业创新中心、技术创新中心、制造业创新中心，给予最高 300 万元支持。对新获批建设的国家重点实验室、国家工程研究中心等创新平台，给予最高 300 万元支持。支持在蓉企业牵头承担国家科技重大项目，按照实际国拨经费的 15%给予最高 200 万元配套资助。对获得重大装备首台（套）、新材料首批次、软件首版次等认定的产品，分别给予生产企业、应用企业最高 300 万元补助。（责任单位：市经信局、市科技局、市财政局）

（六）加大对产业链企业的金融支持。鼓励国有企业与上市龙头企业、社会资本合作设立并购基金，帮助企业实现产业链扩张和行业整合。加快推进先进制造业产业投资基金投放，支持产业功能区重大项目、稳链补链项目建设。对金融机构开展的"壮大贷""抗疫贷"贷款产品，"贷款风险资金池"按最高 30%给予风险分担，并给予获批"壮大贷""抗疫贷"的企业相应贴息补助。（责任单位：市经信局、市金融监管局、成都交子金控集团、成都产业集团、市财政局）

（七）支持产业生态圈联盟发展。支持电子信息、医药健康等产业生态圈联盟发展，自成立起三年内，给予每个联盟 80 万元/年的运行经费补助。支持产业生态圈联盟开展对接交流活动，对引进或组织国际性、全国性产业高端展会活动给予经费补贴，对组织企业赴境外参展参会给予经费补贴。（责任单位：市经信局、市商务局、市财政局）

（八）支持重点领域加快发展。集成电路领域，对年度营业收入首次突破 1 亿元、5 亿元、10 亿元的集成电路材料、设备等企业，分别给予企业核心团队 200 万元、500 万元、1 000 万元奖励。新型显示领域，对属于

"强链、补链、延链"投资建设的玻璃基板、柔性显示基膜等材料及组件生产项目，以及曝光、显影等设备及其零部件制造（含材料）项目，按不超过实际投入 3.5% 的比例给予最高 800 万元奖励。软件领域，对牵头制定并完成国际、国家、行业和地方标准的软件企业，给予最高 60 万元一次性补助。生物医药领域，对企业（机构）新药研发每年最高资助 2 000 万元、医疗器械研发每年最高资助 600 万元。智能制造领域，对采用智能装备、智能化控制系统和智能制造系统解决方案，实施生产线智能化改造和建设数字化车间或智能工厂的企业，给予项目投入最高 20%、不超过 500 万元补助。（责任单位：市经信局、市财政局）

（九）加大政策兑现力度。优化服务，开展支持政策咨询解读等专项服务，确保国家部委、四川省在新冠肺炎疫情期间出台的关于保障企业用工、用能等稳定企业生产以及促进企业供应链畅通的各类政策落地落实，及时兑现各项政策、资金。〔责任单位：各区（市）县政府（管委会）、各产业功能区管委会〕

本行动方案自 2020 年 7 月 24 起施行至 2022 年 12 月 31 日止。

后记

　　本书是在笔者主持的 2021 年重庆市社会科学规划项目——"产业链安全视角下成渝地区双城经济圈产业链高质量发展研究"（2021BS053）的基础上进一步拓展深化完善形成的。

　　在本书即将付梓之际，特向为此书辛劳付出的领导、同事、朋友及家人表示衷心的感谢！感谢重庆市综合经济研究院原院长易小光研究员对本书提出的宝贵修改意见。感谢笔者领导及导师邓兰燕研究员，在本书写作过程中，无论是框架构建还是写作构思，都给予了悉心指导和耐心帮助，是其在日常工作中的指导和帮助，使笔者的科研能力得以更快提升。感谢王志军同事在本书相关资料搜集方面给予的无私帮助。感谢西南财经大学出版社植苗老师的辛苦付出。感谢笔者家人及朋友的关怀和支持。

　　基于统筹发展和安全的视角探讨产业链高质量发展问题，对笔者来说是一个全新的主题，既有探索新领域带来的乐趣，也有面临新问题带来的挑战。坦率地讲，本书并没有达到理想的预期，由于笔者的时间、水平有限，未能在理论分析的模型化、实证分析的定量化等方面带来新的突破，仅在理论层面和实践层面进行了浅层次的探讨。尽管是较为简单的理论探讨，本书也难免存在不足之处，恳请广大读者和专家提出宝贵意见，以有助于笔者继续完善提升。期待本书的研究成果能为成渝地区双城经济圈、西部地区乃至全国的产业链高质量发展提供有益参考。

王春宇

2023 年 7 月